GÉOGRAPHIE

GÉNÉRALE

DE L'AFRIQUE, DE L'ASIE,

DE L'OCÉANIE ET DE L'AMÉRIQUE

OUVRAGES DE MM. CORTAMBERT

I. — ENSEIGNEMENT GÉNÉRAL DES DEUX SEXES.

Cours de géographie, avec vign. 1 vol. in-12 (pour l'âge de 13 à 18 ans), cart. 4 »
Petit Cours de géographie, avec vignettes (de 9 à 13 ans). 1 60
Petit Atlas géographique du premier âge, avec texte, in-18 (de 7 à 9 ans). . . . » 80
Petite Géographie illustrée du premier âge, in-18, cart. (de 7 à 12 ans). . . . . . » 80
Petite Géographie illustrée de la France, in-18, cart. (de 7 à 12 ans). . . . . » 80
Géographie de la France, pour les aspirantes au certificat d'études. (Voyez au
 titre II la Géographie de la classe de quatrième et celle de la rhétorique.)
Mœurs et Caractères des peuples (Europe et Afrique), in-8, gravures. . . . . 5 »
Mœurs et Caractères des peuples (Asie, Amérique et Océanie), in-8, gravures. . 5 »
Voyage pittoresque à travers le monde, in-8, orné de nombreuses illustrations. 5 »
Le Globe illustré, 1 vol. in-4°, avec 16 cartes et 130 vignettes (de 10 à 15 ans). . 4 »
Les trois Règnes de la nature, in-12, avec nombreuses vignettes (de 12 à 18 ans). 1 50

II. — ENSEIGNEMENT SECONDAIRE DES LYCÉES ET DES COLLÈGES.

Notions préliminaires de géographie : Classe préparatoire, 1 vol. in-12. . . . . » 80
Géographie des cinq parties du monde : Classe de huitième, 1 vol. . . . . » 80
Géographie de la France : Classe de septième, 1 vol. 1 20
Géographie de l'Europe : Classe de sixième, 1 vol. 1 50
Géographie gén. de l'Asie, de l'Afrique, de l'Amérique et de l'Océanie : Cl. de cinq. 1 50
Géographie de la France : Classe de quatrième, 1 vol. 1 50
Géographie de l'Europe : Classe de troisième, 1 vol. . . . . 2 »
Description de l'Asie, de l'Afrique, de l'Amérique et de l'Océanie : Cl. de seconde. 3 »
Géographie de la France : Classe de rhétorique, 1 vol. . . . . 3 »
Résumé de géographie générale : Classe de philosophie, 1 vol. . . . . 3 »
Éléments de géographie générale : Classe de mathématiques préparatoires. . . 1 50
Géographie générale : Classe de mathématiques élémentaires, 1 vol. . . . . 5 »
Atlas spéciaux correspondant à chaque volume de l'enseignement secondaire.

III. — ENSEIGNEMENT SECONDAIRE SPÉCIAL.

Géographie de la France (année préparatoire), 1 vol. in-12. . . . . » 90
Atlas correspondant, grand in-8, 12 cartes. 2 50
Géographie des cinq parties du monde (1re année), 1 vol. in-12. . . . . 1 50
Atlas correspondant, grand in-8, 37 cartes. . . . . 6 »
Géographie agricole, industr. et commerciale de la France (2e année), 1 vol. in-12. 2 »
Atlas correspondant, gr. in-8, 22 cartes. . . . . 4 »
Géographie commerciale et industrielle des cinq parties du monde (3e et 4e ann.). 3 »
Atlas corresp. : Nouvel atlas de géographie moderne, 66 cartes, 1 vol. in-4°. . . 10 »

IV. — ENSEIGNEMENT PRIMAIRE DES DEUX SEXES.

Petit Atlas élémentaire de géographie moderne, 22 cartes coloriées, in-4°, br. . » 90
Le même, avec la carte du département demandé. 1 15
Le même, accompagné d'un texte explicatif. 1 10
Le même, avec texte explicatif et carte du département demandé. 1 35
Petite Géographie à l'usage des écoles primaires, in-18, cart., avec gravures. . » 60
Petit Atlas géographique du premier âge, 9 cartes color. avec texte, gr. in-8, cart. » 80
Petite Géographie générale, grand in-18, br. . . . . » 15

V. — ATLAS DIVERS (*voyez aussi les titres précédents*).

Petit Atlas de géographie ancienne, 16 cartes, grand in-8, cartonné. 2 50
Petit Atlas de géographie du moyen âge, 15 cartes, gr. in-8, cart. 2 50
Petit Atlas de géographie moderne, 20 cartes, gr. in-8, cart. 2 50
Petit Atlas de géographie ancienne et moderne, 36 cartes, grand in-8, cart. . . . 5 »
Petit Atlas de géographie ancienne, du moyen âge et moderne, 51 cartes. 7 50
Nouvel atlas de géographie moderne, 66 cartes, 1 vol. in-4°, cart. . . . . 10 »
Atlas complet de géographie ancienne, du moyen âge et moderne, 93 cartes, in-4°,
 cart. . . . . 15 »

COURS COMPLET DE GÉOGRAPHIE
A L'USAGE DES LYCÉES ET DES COLLÈGES

GÉOGRAPHIE

GÉNÉRALE

DE L'AFRIQUE, DE L'ASIE,
DE L'OCÉANIE ET DE L'AMÉRIQUE

RÉDIGÉE

conformément aux programmes officiels du 2 août 1880

POUR LA CLASSE DE CINQUIÈME

PAR

E. CORTAMBERT

NOUVELLE ÉDITION ENTIÈREMENT REFONDUE

PAR

RICHARD CORTAMBERT

PARIS

LIBRAIRIE HACHETTE ET Cie

79, BOULEVARD SAINT-GERMAIN, 79

1882

GÉOGRAPHIE

GÉNÉRALE

DE L'AFRIQUE, DE L'ASIE,

DE L'OCÉANIE ET DE L'AMÉRIQUE

GLOBE TERRESTRE

REPRÉSENTATION DU GLOBE SUR UNE MAPPEMONDE, D'UN PAYS SUR UNE CARTE

Cercles géographiques. — La Terre est ronde ; sa circonférence est divisée en 360 *degrés* ; le degré comprend 60 *minutes*, et la minute 60 *secondes*[1].

Elle tourne sur elle-même dans l'espace de vingt-quatre heures. On appelle *axe* la ligne imaginaire sur laquelle se fait ce mouvement ; les *pôles* sont les extrémités de cet axe ; l'*équateur* est un cercle qui, placé à égale distance des deux pôles, coupe le globe en deux *hémisphères*.

Les *méridiens* sont des cercles perpendiculaires à l'équateur et passant tous par les pôles.

Les *parallèles* sont des cercles parallèles à l'équateur : parmi ces cercles, on remarque les *tropiques du Cancer* et

---

1. On désigne les degrés par ce signe °, les minutes par celui-ci ', et les secondes ainsi ".

GÉOGR. Cl. de 5ᵉ.   1

du *Capricorne*, à 23 degrés 1/2 de l'équateur, et les *cercles*

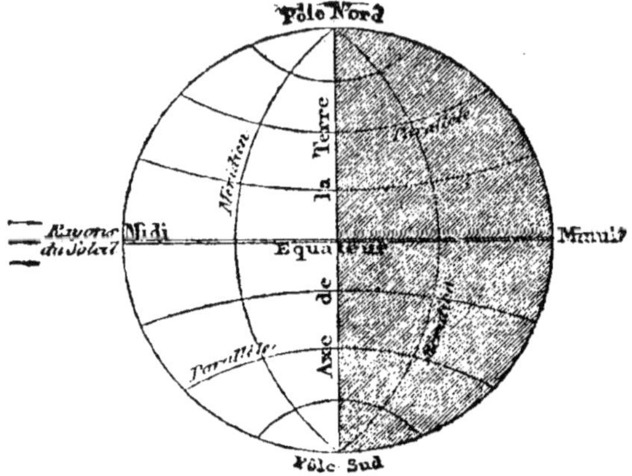

Pôles. — Équateur.

polaires arctique et *antarctique*, à 23 degrés 1/2 des pôles.

Horizon, points cardinaux, zones. — L'horizon
est un cercle dont la circonférence est la limite naturelle de notre vue autour de nous.

Il y a sur l'horizon quatre *points cardinaux* : 1° le *nord*

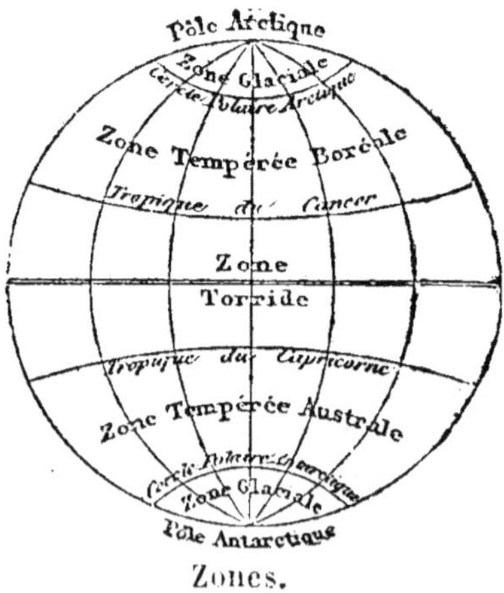

Zones.

ou *septentrion*, qui est aussi appelé point *boréal*; 2° le *sud* ou *midi*, qui se nomme aussi point *austral* ou *méridional*; 3° l'est, *levant* ou *orient*; 4° l'ouest, *couchant* ou *occident*. — On compte ensuite quatre *points collatéraux* : le *nord-est*, le *nord-ouest*, le *sud-est* et le *sud-ouest*.

Il se trouve, entre les points précédents, des points *intermédiaires*, dont les principaux sont : le *nord-nord-est*, le *nord-nord-ouest*, l'*est-nord-est*, l'*ouest-nord-ouest*, le *sud-sud-est*, le *sud-sud-ouest*, l'*est-sud-est*, et l'*ouest-sud-ouest*[1].

Il y a cinq *zones*, établies d'après les principales températures qui règnent sur le globe : la *zone torride*, entre les deux tropiques; les deux *zones tempérées boréale* et *australe*, entre les tropiques et les cercles polaires; les *zones glaciales arctique* et *antarctique*, autour des pôles.

Latitude, longitude. — La *latitude* est la dimension du globe du nord au sud; elle est coupée par l'équateur en deux parties, dont chacune a 90 degrés; on distingue donc

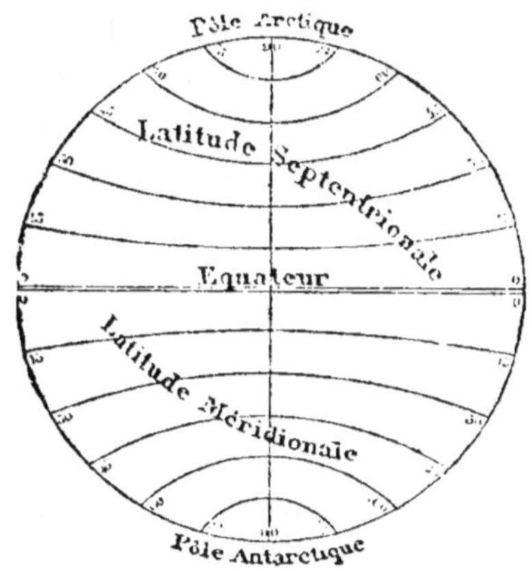

Latitude.

une *latitude* N. et une *latitude* S. — La *longitude* est la

1. On abrège les noms de *nord*, *sud*, *est*, *ouest*, en écrivant N., S., E., O.

dimension du globe de l'ouest à l'est ; elle est coupée par un premier méridien en deux parties, dont chacune comprend 180 degrés ; il y a par conséquent une *longitude* E. et une

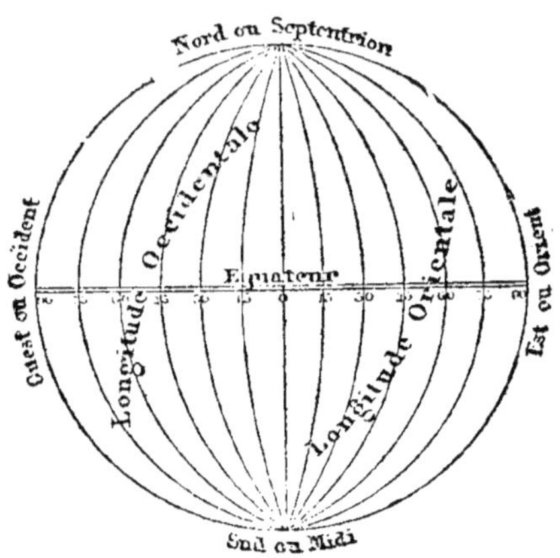

Longitude.

ongitude O. On n'est pas d'accord sur le choix du premier méridien ; les Français comptent la longitude à partir du méridien de l'Observatoire de Paris ; les Anglais font passer leur premier méridien par Greenwich, à 2° 20′ à l'O. de Paris ; d'autres nations, à l'île de Fer, 20 degrés à l'O. de Paris.

CARTES GÉOGRAPHIQUES, PROJECTIONS, ÉCHELLE, ETC.

Pour représenter la Terre, on se sert de *globes artificiels* et de *cartes.*

La carte qui représente la Terre entière est la *mappemonde* ou le *planisphère.* Tantôt elle en montre séparément les deux hémisphères, parce qu'il serait impossible de voir sur le papier le globe tout entier tel qu'il est naturellement, la moitié supérieure cacherait la moitié inférieure : c'est ce qu'on appelle proprement une mappemonde. Tantôt on ne cherche pas à rendre la rondeur de la

Terre, mais on enlève en quelque sorte au globe sa surface, on la développe et on l'étend, aplatie, sur le papier ; alors la carte est carrée, et l'on n'a pas besoin de faire deux hémisphères séparés : ce sont ces cartes qu'on désigne particulièrement par le nom de planisphères.

Les autres cartes sont appelées *générales*, si elles offrent une grande contrée dans son ensemble, et *particulières*, si elles décrivent seulement des parties d'une contrée principale. On appelle spécialement cartes *chorographiques* les cartes destinées à décrire une région peu étendue. On nomme cartes *topographiques* celles qui représentent des détails très multipliés et jusqu'aux moindres lieux.

Les cartes *hydrographiques* ont pour objet de faire connaître les eaux. On nomme spécialement *cartes marines* celles qui ont pour but la description des mers et qui sont propres à guider les navigateurs.

C'est sur les marges de l'est et de l'ouest, à chaque parallèle tracé, qu'on inscrit les numéros indiquant les degrés de latitude. Les degrés de longitude sont marqués sur les marges du nord et du sud, ou le long de l'équateur, à chaque méridien tracé.

On a adopté plusieurs sortes de projections pour représenter la Terre ou des parcelles du monde. Les principales sont la projection *orthographique* et la projection *stéréographique*[1].

Il est encore une autre projection souvent employée, surtout dans la marine, c'est la projection dite de *Mercator*, dans laquelle les méridiens sont toujours des lignes droites équidistantes, mais les parallèles figurées par des lignes droites aussi ne sont pas équidistantes, et les intervalles qui les séparent, croissent à mesure que l'on s'avance vers les pôles. Les pays conservent en apparence leur vraie

1. On trouvera des détails sur ces diverses projections dans le Cours de seconde.

forme, mais non leur rapport d'étendue ; cette projection augmente considérablement les régions placées vers les pôles. Elle a pourtant l'avantage de donner exactement et immédiatement les positions des points cardinaux.

L'échelle est la mesure placée sur les cartes à côté des pays représentés, et au moyen de laquelle on peut évaluer sur la carte la distance des lieux et l'étendue des pays en *mesures itinéraires*, telles que *kilomètres*, *lieues*, etc. On dit qu'elle est au 100 000ᵉ, au 50 000ᵉ, au 20 000ᵉ, etc., quand le dessin est 100 000 fois, ou 50 000 fois, ou 20 000 fois, etc., plus petit que le pays qu'il représente. Si l'échelle est plus grande que le 10 000ᵉ, la carte peut porter le nom de *plan*.

Il y a 10 000 000 de mètres, c'est-à-dire 10 000 kilomètres, ou 1000 myriamètres, dans le quart du méridien terrestre. La Terre a donc 40 000 kilomètres (4000 myriamètres) de tour. Dans un des 360 degrés d'un grand cercle terrestre, c'est-à-dire dans un degré de l'équateur ou du méridien, il entre 111 kilomètres ou 11 myriamètres et 1 dixième. Comme, d'un autre côté, la Terre a 9000 lieues communes de tour, il y a 25 lieues dans un degré. La lieue égale 4 kilomètres et demi.

Le mille marin ou géographique est de 60 au degré, le mille géographique d'Allemagne de 15 au degré, et le mille anglais d'environ 69 au degré.

LA MER

SUPERFICIE, PROFONDEUR, COLORATION, SALINITÉ, ETC.

La mer couvre les trois quarts de la superficie du globe.

Le fond de la mer n'est pas horizontal ; il se déroule presque constamment en longues ondulations, en pentes douces. Pourtant, sur certains points, il présente des pla-

teaux, des vallées, des gorges, des creux, exactement comme
dans les régions montagneuses des continents.

Plus on s'approche du sud, plus l'Océan semble atteindre
de profondeur. Là, en effet, par suite de l'absence de larges
masses continentales, la mer occupe une immense étendue. Dans l'océan Pacifique, la sonde a plongé jusqu'à
14 000 mètres, c'est-à-dire 14 kilomètres. Le plus haut
point du globe, le mont Everest, n'atteint pas 9 kilomètres
d'altitude. Il en résulte que le mont Blanc serait placé sur
le plus haut sommet de l'Himalaya que ces deux montagnes, jetées dans de pareilles profondeurs, ne toucheraient
pas encore le niveau de l'eau.

Grâce aux sondages, nous pouvons juger de l'aspect général du relief sous-marin. Le lit de l'Océan se maintient
donc à peu près partout à une profondeur plus considérable que n'est haute la surface continentale ; en autres
termes, le lit des mers retourné donnerait un relief infiniment plus prononcé que celui des cinq parties du monde.

Le fond de la mer est loin de partager la température de
la surface. A de grandes profondeurs, l'eau se refroidit
d'une manière sensible, même dans les zones équinoxiales.
La chaleur diminue graduellement, mais à partir de
1200 mètres, la température tend à devenir uniforme : elle
se maintient de 2 à 3 degrés au-dessus de zéro.

L'eau de la mer n'a pas toujours la même coloration,
mais elle est généralement moins foncée dans le voisinage
des côtes.

Dans le golfe de Gascogne l'eau est d'un vert sombre,
tandis que dans la Méditerranée elle est d'un magnifique bleu
d'azur. L'Atlantique dans les parages des tropiques est également d'un beau bleu azuré.

L'eau de la mer étant salée est d'un poids toujours supérieur à celui de l'eau douce ; son poids n'est pas constant;

il se modifie d'après diverses causes qui dépendent de l'atmosphère, des courants et de l'apport des grands fleuves.

En principe, la salinité est plus faible dans les régions froides et tempérées que vers l'équateur. Par le fait de la vaporisation due à la chaleur solaire, la Méditerranée est plus salée que l'Atlantique. La mer Noire, au contraire, où débouchent de grands fleuves, a une salinité moins prononcée. Les eaux de la Baltique sont également moins salées que le reste de l'Océan. La mer Rouge est extrêmement chargée de sel, et non loin de là, l'océan Indien et une grande partie du Pacifique contiennent moins de sel que l'océan Atlantique.

La mer, a dit Maury, établit une parenté entre toutes les parties du monde, aussi bien dans le sens physique que dans le sens social. C'est à elle que nous devons surtout le développement du commerce, et, par suite, une grande partie de notre bien-être. Grâce à la facilité des communications qu'elle établit entre les divers peuples, nous nous sentons voisins et amis de ceux-là mêmes qui sont les plus éloignés de nous, — mais nous restons, au contraire, comme étrangers aux peuplades de l'intérieur de l'Asie et de l'Afrique qui, privées de communications maritimes, restent en dehors des influences de la civilisation.

DIVISION DE L'OCÉAN EN GRANDES MERS. — MERS INTÉRIEURES.

L'Océan se divise en cinq parties : 1° *l'océan Atlantique*, à l'O. de l'ancien continent et à l'E. du nouveau ; 2° le *Grand Océan* ou *océan Pacifique*, à l'E. de l'ancien continent et de l'Australie, et à l'O. du nouveau continent ; 3° *l'océan Indien*, au S.-E. de l'ancien continent et à l'O. de l'Australie ; 4° *l'océan Glacial arctique*, qui s'étend au

N. de l'ancien et du nouveau continent ; 5° l'océan *Glacial antarctique*, dans la zone glaciale du S.

L'océan Atlantique. — Parmi les avancements de cet Océan, le plus remarquable est la *Méditerranée*, entre l'Europe, l'Afrique et l'Asie. L'Atlantique forme encore, dans l'ancien continent, la mer *Baltique* et la mer du *Nord*, en Europe, et le golfe de *Guinée*, en Afrique ; et sur la côte de l'Amérique, la mer d'*Hudson*, le golfe du *Mexique* et la mer des *Antilles*.

L'océan Atlantique resserré dans sa partie septentrionale s'élargit dans sa région moyenne, à la hauteur du tropique du Cancer, puis se rétrécit un peu au sud de l'équateur, par le prolongement oriental de l'Amérique du Sud vers l'Afrique, — et s'élargit ensuite de plus en plus en s'approchant de la zone antarctique.

Nous avons déjà vu que sa profondeur était plus considérable dans l'hémisphère austral que dans l'hémisphère boréal. Entre l'Afrique australe et l'Amérique du Sud, le lit de la mer est à plus de 6000 mètres. Au nord, les bas-fonds ne commencent qu'à une certaine distance de l'Europe, — à une cinquantaine de lieues au large de Brest et à une trentaine de lieues à l'ouest de l'Irlande. Ainsi l'Espagne, la France, les îles Britanniques sont sur un véritable piédestal sous-marin. Ce n'est qu'après avoir franchi cette énorme assise que l'on arrive à une profondeur moyenne d'environ 3500 mètres. Entre l'Europe et le nord de l'Amérique, la sonde n'a pas été au delà de 4430 mètres. Dans les mers voisines du littoral européen, la profondeur est presque partout assez faible : ainsi, la mer du Nord, dans sa partie méridionale, n'atteint environ que 30 à 40 mètres. Le Skager-Rack devient tout d'un coup assez profond, et un peu plus loin, le Cattegat n'offre nulle part plus de 80 mètres, et la Baltique de 40 à 50 mètres.

Le Pas-de-Calais, la Manche ont peu de profondeur : en

moyenne de 30 à 40 mètres. On peut se faire une idée assez précise du peu d'élévation de cette couche d'eau en se reportant à la hauteur de nos cathédrales : ainsi, Notre-Dame de Paris dépasserait la surface de la Manche.

Le **Grand Océan** ou **océan Pacifique**, infiniment plus vaste que l'Atlantique, comprend, au N., la mer de Beering, située entre l'Amérique et l'Asie. Il forme à l'E., en Amérique, la mer *Vermeille* ou le golfe de *Californie*, et le golfe de *Panama;* — à l'O., sur la côte d'Asie, la mer d'*Okhotsk*, la mer du *Japon*, la mer *Jaune*, le mer de *Corée* et la mer de *Chine*.

C'est le plus profond des Océans. Entre la Californie et les îles Havaï, le lit de la mer est à plus de 3500 mètres ; plus loin il dépasse, sans doute, 14 000 mètres.

Dans bon nombre de parages, principalement au N.-E. de l'Australie, le Grand Océan s'exhausse par le fait de bancs madréporiques qui constitueront un jour une nouvelle surface continentale.

L'océan **Indien** forme, au S. de l'Asie, le golfe du Bengale, la mer d'Oman et le golfe Persique; entre l'Afrique et l'Asie, la mer *Rouge*, appelée aussi golfe *Arabique*. Sa profondeur est assez considérable : la sonde a plongé sur plusieurs points jusqu'à 4000 mètres. Le golfe Persique, la mer Rouge ont un lit relativement peu profond ; les parties du golfe du Bengale voisines du littoral, descendent en pente douce.

L'océan **Glacial arctique** comprend la mer *Blanche*, en Europe ; la mer de *Kara*, entre l'Europe et l'Asie, et la mer *Paléocrystique*, la mer de *Lincoln*, la mer de *Baffin*, le *Bassin de Melville*, en Amérique.

Dans les parages arctiques, la température descend en hiver jusqu'à 50 degrés au-dessous de zéro. Il est assez probable que les froids sont moins intenses au pôle même que dans les régions environnantes, par exemple, qu'au

Vue prise sur l'océan Glacial.

nord du continent américain et dans certaines régions septentrionales de la Sibérie.

Des îles de glaces se présentent souvent sous l'apparence de bancs auxquels on donne le nom de *banquises*, et qui se forment par l'accumulation des glaces glissant les unes sur les autres. D'autres, semblables à des montagnes (*icebergs*), atteignant jusqu'à 200 mètres d'élévation, sont entraînées par les courants et sous l'action des dégels et des tempêtes, s'effondrent parfois avec un fracas qui rappelle une décharge d'artillerie.

L'océan Glacial antarctique, plus étendu, plus froid sans doute que l'océan Glacial du Nord, est encore mal exploré. Il présente les mêmes phénomènes : banquises, icebergs, etc.

La **Méditerranée,** la mer *intérieure* des anciens, aux bords généralement magnifiques et qui semble n'être qu'un grand lac entouré par l'Europe, l'Asie occidentale et le Nord de l'Afrique, jouit à peu près partout d'un climat analogue, assez justement appelé *climat méditerranéen.* Son étendue peut être évaluée à six fois environ la superficie du territoire français.

La Méditerranée qui a 3300 kilomètres de longueur, depuis le détroit de Gibraltar jusqu'aux Dardanelles, et qui, dans sa plus grande largeur, est de 1000 kilomètres, se divise en deux bassins sous-marins que des sondages nombreux, peu espacés, font parfaitement saisir.

Le premier, le *bassin occidental,* s'étend jusqu'au resserrement formé par la Sicile et la Tunisie; le second, le *bassin oriental,* se prolonge jusqu'aux dernières limites de la Méditerranée à l'est. La profondeur du premier de ces deux bassins est moins considérable que celle du second.

La mer *Caspienne,* sur les limites de l'Europe et de l'Asie, est une mer isolée ou un grand lac, qui ne communique aujourd'hui avec aucune des autres mers du globe,

mais qui fut certainement autrefois réunie d'un côté à la
mer d'Aral, et de l'autre à la mer Noire. Son niveau est fort
au-dessous de celui de l'Océan.

COURANTS. — LE GULF-STREAM. — LE KOURO-SIVO

Un des plus importants phénomènes des océans et des
mers, ce sont les *courants*, causés surtout par les diffé-
rences de température qui règnent dans les diverses parties
de la mer et par la rotation de la Terre.

Il existe deux mouvements généraux des eaux : d'abord,
des pôles à l'équateur, c'est-à-dire un double courant *polaire*, par suite de la grande évaporation qui attire les eaux
froides ; ensuite, dans la zone torride, le mouvement général de l'est à l'ouest, c'est-à-dire un *courant équatorial*,
parce que les eaux de cette zone ne peuvent pas suivre la
rotation du globe, plus rapide là que partout ailleurs. Cet
énorme courant, en frappant les terres, produit beaucoup
de courants particuliers.

Voici les principaux courants : 1° le *courant équinoxial
de l'Atlantique*, qui se dirige de l'est à l'ouest, de l'Afrique
à l'Amérique méridionale, en passant au sud d'une partie
de l'Océan pleine de fucus et qu'on appelle *mer de Sar-
gasse;*

2° Le **Gulf-stream** ou courant du golfe, majestueux courant qui peut être considéré comme la conséquence du pré-
cédent, se forme dans le *golfe* du Mexique. Les eaux arrê-
tées par le littoral du continent américain rebondissent,
pour ainsi dire, contre les côtes, contournent rapidement le
golfe, et après avoir franchi un espace resserré entre la
Floride et les Lucayes, apparaissent au milieu de l'Océan
comme une sorte d'immense fleuve, puis s'élargissent, s'é-
panouissent progressivement et apportent sur nos côtes
européennes une douce température.

C'est en tournoyant dans le golfe du Mexique, que les eaux du courant se réchauffent graduellement. A leur sortie elles ont jusqu'à 30 degrés de chaleur, tandis que les eaux environnantes de la mer conservent une température relativement froide. C'est à la chaleur bienfaisante du *Gulf-stream*, dit Maury, que l'Irlande doit la verdure qui lui a fait donner le nom d'*émeraude* des mers, et que les côtes occidentales de l'Europe doivent aussi les pâturages qui, en plein hiver, lorsque tout est couvert de glace aux latitudes correspondantes de l'Amérique, offrent encore une nourriture suffisante aux troupeaux. — Le littoral de la Norvège subit également l'heureuse influence de ce courant qui porte jusque-là ses effluves. Les mouvements atmosphériques suivent, en effet, les mouvements marins. L'air ainsi adouci crée entre autres ces brouillards épais dont s'enveloppe la Grande-Bretagne, répand sur les rives méridionales de l'Angleterre et sur plusieurs points de la Bretagne et de la Normandie, une température exceptionnelle ;

3° Le double *courant équatorial du Pacifique* (au N. et au S. de l'équateur) ;

4° Le **courant noir du Japon** ou **Kouro-sivo** qui va de l'Asie à l'Amérique du Nord, en se dirigeant d'abord du S.-O. au N.-E., puis de l'O. à l'E. dans le nord de l'océan Pacifique. Cet immense courant est une sorte de *gulf-stream* qui longe les côtes d'Asie ; mais il n'apparaît pas nettement tracé comme le grand courant de l'Atlantique. Sa température est également moins élevée ;

5° Le courant *équatorial de l'océan Indien* qui s'avance de l'E. à l'O. La mer Rouge, comme la mer des Antilles et le golfe du Mexique, est, dit Maury, la chaudière où s'échauffent les eaux qui alimentent le courant de Mozambique. L'Arabie, la Perse, l'Inde limitent cette mer au nord comme l'Amérique centrale, l'isthme de Panama et les rives de Vénézuela limitent au sud la mer des Antilles. Les eaux suréchauffées de ces deux mers tendent à changer de place avec les eaux plus froides qui sont à leur portée. Ainsi, les eaux du *Gulf-stream* se dirigent vers la mer du Nord et celles du courant de Mozambique vers l'océan Glacial antarctique.

La connaissance des courants est d'une grande importance pour la navigation : il n'est pas moins utile de connaître les **vents** qui, dans la zone équinoxiale, soufflent régulièrement : ainsi, les vents **alizés**, dans l'océan Atlantique, sont dirigés de l'E. à l'O. toute l'année ; dans l'océan Indien, règnent les **moussons**, qui soufflent pendant six mois du N. ou du N.-E., et pendant six mois du S. ou du S.-O.

MARÉES

Par l'effet de l'attraction de la lune et du soleil, les eaux de la mer s'élèvent et s'abaissent deux fois par jour. Ce mouvement s'opère presque partout lentement, sans secousses : durant six heures, les eaux montent au-dessus de leur niveau et se répandent sur les rivages ; elles semblent alors, quelques minutes, dans un état stationnaire, puis redescendent pendant six autres ; arrivées au point le plus bas, elles demeurent en apparence un instant stationnaires, mais recommencent à s'élever.

Ce double mouvement de la mer a reçu le nom de *marées* divisées en *marée montante* ou **flux**, et *marée descendante* ou **reflux**.

Les marées sont généralement plus fortes dans les régions équinoxiales que dans les autres zones, — c'est là, en effet, que s'exerce directement l'action des deux astres ; — de là, les marées s'avancent vers le N. et vers le S., en s'affaiblissant dans les mers qui n'ont que d'étroites ouvertures. Dans la Méditerranée, elles sont à peu près nulles.

Il se produit souvent des courants de marée d'une ex-

rême violence, par le fait même de la différence de niveau
de certaines passes entre des terres ou des îles. Ce phénomène a reçu le nom de **ras de marée**. Les ras de marée
sont souvent, à juste titre, redoutés des marins.

La marée ne pénétrant parfois qu'avec difficulté dans
l'estuaire des fleuves et des rivières donne lieu à un autre
phénomène connu sous le nom de **barre** et de **mascaret**.

Dans plusieurs cours d'eau, le flot avance comme une
véritable muraille mouvante, qui, à l'époque des grandes
marées, prend même d'effrayantes proportions.

La *pororoca* du fleuve des *Amazones* se dresse jusqu'à
15 mètres de hauteur ; les trois vagues qui la forment sur-
prennent parfois les navires et peuvent les faire sombrer.

Dans la basse *Seine*, la *barre* remonte le fleuve avec une
vitesse d'environ 6 mètres par seconde.

Le *mascaret*, semblable phénomène, se présente dans la
Gironde.

DIVISION DE LA SURFACE DU GLOBE EN TERRES ET EN EAUX.
— FORME GÉNÉRALE DE L'ANCIEN ET DU NOUVEAU CONTINENT.
— PARTIES DU MONDE.

**Division de la surface du globe en terres et
en eaux.** — La surface du globe se divise en deux grandes
parties : 1° les *terres* ; 2° les *eaux*, dont l'ensemble forme
la *mer*. Les terres, placées en majeure partie au N. de
l'équateur, n'occupent qu'environ un tiers de cette surface.
Sur 510 000 000 de kilomètres carrés dont se compose la
surface du globe, il y en a 135 000 000 pour les terres et
375 000 000 pour la mer. La surface des eaux est beaucoup
plus étendue dans l'hémisphère austral ; même dans l'hémisphère boréal où les masses continentales atteignent un si
grand développement, il y a plus d'eau que de terre.

Forme générale de l'Ancien et du Nouveau continent. — Les terres forment trois *continents* et un grand nombre d'*îles*. Les premiers sont : 1° l'*Ancien continent*, comprenant l'*Europe*, l'*Asie* et l'*Afrique* : 2° le *Nouveau continent* ou l'*Amérique* ; 3° l'*Australie* ou *Nouvelle-Hollande*, ou *continent Austral*, bien moins considérable que les deux autres continents, et compris dans une cinquième partie du monde nommée *Océanie*.

L'Ancien et le Nouveau continent ont entre eux des rapports de forme très remarquables ; chacun présente deux grandes masses : l'une septentrionale, l'autre méridionale ; la masse du nord, dans l'Ancien continent, comprend l'Europe et l'Asie ; la masse du sud forme l'Afrique ; la masse du nord, dans le Nouveau continent, est l'*Amérique septentrionale* : la masse du sud, l'*Amérique méridionale*. Dans chaque continent, ces deux masses sont réunies par un isthme, resserré entre deux enfoncements de la mer ; dans chacun, la masse septentrionale est plus considérable et beaucoup plus irrégulière que la masse méridionale ; enfin les parties australes de ces continents ont une grande ressemblance, et s'avancent également au S. en longues pointes pyramidales. La longueur de l'Ancien continent, qui est le plus étendu, est dirigée du N.-E. au S.-O. ; celle du Nouveau, du N.-N.-O. au S.-S.-E. Il faut remarquer que la masse du nord de l'Ancien continent s'étend de l'E. à l'O., tandis que celle du Nouveau continent s'étend du N. au S. Dans chaque continent, la masse du S. a sa plus grande longueur du N. au S. Enfin les presqu'îles nombreuses que renferme chacune des deux masses septentrionales sont généralement tournées vers le S.

Les continents offrent une surface de plus de 125 000 000 de kilomètres carrés ; les îles, de 10 000 000 de kilomètres carrés.

L'Ancien continent a 79 330 000 kilomètres carrés; le Nouveau, 37 980 000, et le continent Austral, 7 660 000.

Configuration générale des cinq parties du monde. — L'EUROPE, qui occupe le N.-O. de l'Ancien monde, est la plus petite des cinq parties du globe, mais la plus importante par sa civilisation. Les côtes en sont extrêmement découpées : on y voit beaucoup de presqu'îles, dont les principales sont la *Scandinavie*, au N., la *péninsule Hispanique*, au S.-O., l'*Italie* et la *péninsule Turco-Hellénique*, au S.

L'ASIE, qui occupe l'E. de l'Ancien continent, est la plus grande partie continentale du monde. Elle a des côtes irrégulières. Au N., s'avance fort loin le cap *Nord-Est*, le plus boréal de l'Ancien monde ; — à l'E., sont les presqu'îles de *Kamtchatka* et de *Corée ;* — au S., la presqu'île de l'*Indo-Chine* (avec celle de *Malaka*), et la presqu'île de l'*Hindoustan*, appelées dans leur ensemble les *presqu'îles de l'Inde ;* — au S.-O., la presqu'île d'*Arabie*, et, à l'O., celle de l'*Asie Mineure*.

L'AFRIQUE se trouve dans le S.-O. de l'Ancien continent. Elle a une forme régulière et des côtes sans découpures.

L'AMÉRIQUE est composée, comme on l'a vu, de deux grandes masses : l'*Amérique du Nord* et l'*Amérique du Sud*.

L'Amérique du Nord a des côtes très échancrées, comme celles de l'Europe et de l'Asie, et il s'y trouve beaucoup de presqu'îles, telles que le *Labrador*, à l'E., la *Floride*, le *Yucatan*, au S., et la *Californie*, à l'O. L'Amérique méridionale a une forme régulière et des côtes presque partout uniformes, comme celles de l'Afrique.

L'OCÉANIE, composée d'un grand nombre de terres disséminées dans le Grand Océan, a pour région principale l'*Australie*, d'une forme assez régulière.

Tableau de l'étendue et de la population des parties du monde.

	Kilom. carrés.	Population.
Europe continentale........	9 030 000	300 000 000
Europe avec les îles..................	10 180 000	
Asie continentale.....................	41 200 000	800 000 000
Asie avec les îles......................	42 160 000	
Afrique continentale..................	29 100 000	200 000 000 (?)
Afrique avec les îles.................	29 700 000	
Amérique continentale................	37 980 000	90 000 000
Amérique avec les îles (Groënland, etc.).	42 480 000	
Australie	7 660 000	35 000 000 (?)
Australie avec les îles, ou Océanie.......	10 850 000	

Ainsi, la superficie des parties du monde est d'environ 135 millions de kilomètres carrés, et la population générale du globe s'élève à environ 1 milliard 400 millions d'habitants.

AFRIQUE

DESCRIPTION PHYSIQUE GÉNÉRALE.

Limites, mers, golfes et détroits. — L'Afrique occupe le S.-O. de l'Ancien continent, et s'étend entre le 37ᵉ degré de latitude N. et le 35ᵉ degré de latitude S. C'est une grande presqu'île, jointe à l'Asie, vers le N.-E., par l'isthme de *Suez*, et entourée par la mer de tous les autres côtés.

Au N., la mer **Méditerranée** et le détroit de **Gibraltar** la séparent de l'Europe. — L'océan **Atlantique** la baigne à l'O.

Au S.-E. et à l'E. se trouve l'océan **Indien**. Cet océan forme le détroit de *Bab-el-Mandeb* et la **mer Rouge**, qui sont resserrés entre l'Afrique et l'Arabie ; il forme aussi le canal de **Mozambique**, qui sépare du continent la grande île de Madagascar.

Les côtes africaines sont généralement uniformes, et n'offrent pas de grandes découpures, comme on en remarque en Europe et en Asie. Cependant la Méditerranée y forme un grand enfoncement, partagé en deux golfes nommés golfe de la *Sidre* et golfe de *Cabès* (la *Grande Syrte* et la *Petite Syrte* des anciens); — l'océan Atlantique forme le golfe de **Guinée**, qui comprend ceux de *Bénin* et de *Biafra*.

Caps et étendue de l'Afrique. — Cette grande péninsule est terminée par quatre caps principaux vers les quatre points cardinaux; ce sont : le cap *Blanc*, au N.; le cap des *Aiguilles*, au S.; le cap *Vert*, à l'O., et le cap *Guardafui*, à l'E. — Il faut aussi remarquer au N., le cap *Bon*, assez près du cap Blanc; à l'O., un autre cap *Blanc*, un peu au N. du cap Vert; au S., le cap de **Bonne-Espérance**, dont la découverte au quinzième siècle a été un événement important.

L'Afrique a 8000 kilomètres de longueur, du N. au S., et 7500 kilomètres dans sa plus grande largeur, de l'E. à l'O. Elle est trois fois plus étendue que l'Europe. Une grande partie de l'intérieur, surtout vers l'équateur, est encore inconnue. Cette partie du monde a 29 700 000 kilomètres carrés.

ASPECT GÉNÉRAL. — MONTAGNES ET CLIMAT

L'Afrique est la plus chaude des cinq parties du monde. Elle présente un mélange de contrées très fertiles et de grands déserts sablonneux et arides. On y remarque surtout le **Sahara**, le plus vaste désert du globe, — territoire ondulé, au-dessus du niveau de la mer, — et où se dressent, sur plusieurs points, des massifs montagneux d'une certaine

Le Sahara. — Vue prise au sud de Biskra.

élévation. Çà et là au milieu de ces régions stériles, on rencontre d'agréables oasis.

Le **système orographique** de l'Afrique, c'est-à-dire le système de montagnes, ne ressemble pas à celui des autres continents. **Une double chaîne suit presque partout les côtes.** C'est surtout dans l'Afrique australe que ces deux rangées parallèles s'élèvent régulièrement en gradins étagés, de la plage maritime aux hautes plaines de l'intérieur.

A cette grande chaîne, on peut rattacher au nord de l'Afrique, l'**Atlas**, vaste masse de montagnes qui se prolonge de l'ouest à l'est sur une étendue considérable, et qui se partage en un grand nombre de rameaux, dirigés en différents sens, mais suivant des lois orographiques déterminées. La partie la plus haute de l'Atlas se maintient entre 3000 et 4500 mètres.

Dans la partie orientale de l'Afrique, on trouve les montagnes de **Sémen** fort élevées, souvent à plus de 4500 mètres du niveau de la mer, et formant dans leur ensemble un vaste plateau, coupé de gorges et de vallées profondes.

Au centre, les anciens géographes indiquaient les montagnes de la Lune que des voyageurs modernes ont cru retrouver un peu plus au sud de l'équateur, dans les monts **Kénia** et **Kilima n'Djaro** qui dépassent 6000 mètres et qui, sous l'équateur, sont couverts de neiges éternelles. Dans la même direction, plus au sud, les monts **Lupata**, plus loin, les montagnes de neige ou **Sneeuwberg**, et les monts **Nieuweld**. A l'O., non loin du golfe de Guinée, s'élèvent les montagnes de **Kong** et les monts **Camarones** qui ont jusqu'à 4500 mètres d'altitude.

Ainsi toute la partie méridionale de l'intérieur de l'Afrique, à partir de l'équateur, n'est qu'un vaste plateau souvent accidenté, bordé de chaînes de hauteur, à l'E. et à l'O., et creusé de plusieurs bassins lacustres dans le milieu. Cette sorte de double bourrelet qui règne tout autour de ce continent, force les fleuves à former des cataractes, comme celles du Nil, du Sénégal, du Niger, du Congo, du Zambèze, de l'Orange, etc. Ces obstacles ont contribué, avec les déserts, la température brûlante et les mœurs inhospitalières des habitants, à nous laisser dans l'ignorance d'une grande partie de l'intérieur du monde africain.

L'Afrique, traversée presque au milieu par l'équateur, est la plus chaude des parties du monde. Le thermomètre, à l'ombre, s'élève souvent à 45 et 50 degrés au-dessus de zéro, dans la Sénégambie, la Guinée, et d'autres contrées ; les sables du désert sont brûlants et font cruellement souffrir ceux qui les parcourent ; la réverbération du soleil sur les plaines arides, les mirages fréquents qui offrent l'image décevante de fraîches nappes d'eau là où il n'y a qu'un espace nu et sec, sont un supplice pour les voyageurs. Les insolations les frappent souvent d'une manière funeste, les fièvres paludéennes les attaquent aussi, et des insectes qui naissent en foule sous l'action de la chaleur humide sont encore un des fléaux les plus à craindre.

Dans toute la région renfermée entre les tropiques, les pluies sont périodiques : elles tombent abondamment durant plusieurs mois ; ensuite il se passe plusieurs autres mois sans qu'il tombe une goutte d'eau. Ainsi, l'année de ces contrées ne se divise qu'en deux saisons : celle des pluies ou de l'hivernage, et celle de la sécheresse. Les pluies accompagnent le soleil : il pleut, au N. de l'équateur, d'avril à octobre, et, au S. de ce cercle, d'octobre à avril. Il existe cependant des régions où il ne pleut jamais : par exemple une grande partie du Sahara, le S. de l'Égypte, le N. de la Nubie.

Fleuves. — Vers le N., l'Afrique envoie ses eaux dans la Méditerranée ; — vers l'O., dans l'océan Atlantique ; — vers l'E., dans l'océan Indien.

Il existe au centre de cette partie du monde, un grand bassin au milieu duquel est le lac **Tchad**, et qui ne verse ses eaux dans aucune mer.

L'Afrique est donc, par la distribution des eaux, partagée en quatre divisions naturelles : trois versants et un grand bassin intérieur, sans compter plusieurs autres bassins intérieurs qui peuvent exister encore.

Le plus long des fleuves qui se rendent dans la Méditerranée est le **Nil**, formé de la jonction du *Nil Blanc* et du *Nil Bleu*. — Le Nil Blanc, la plus considérable de ces deux branches, sort des lacs Victoria et Albert, mais il peut venir de plus loin encore, et des renseignements récents feraient penser que sa principale source est une grande rivière qui se jette dans le S. du lac Victoria. On ne peut pas évaluer son cours à moins de 6000 kilomètres. — Le Nil se jette dans la mer par deux branches principales, celles de *Damiette* et de *Rosette*, entre lesquelles est renfermé le fameux *Delta*. Il est sujet à de grandes crues périodiques, qui commencent au solstice de juin et finissent en décembre.

Les principaux fleuves tributaires de l'océan Atlantique sont le **Sénégal**, la *Gambie*, le **Diali-ba**, **Kouara** ou **Niger**, qui reçoit la *Bénoué* ou *Tchadda* et se jette dans le golfe de Guinée par beaucoup de branches, le **Zaïre** ou **Congo**, appelé dans une grande partie de son cours *Loualaba*, et qu'on a proposé de nommer *Livingstone;* la **Coanza** et l'**Orange** ou *Gariep*.

Du côté de l'océan Indien, on remarque le **Zambèze**, qui forme une magnifique cataracte et se jette beaucoup plus loin dans le canal de Mozambique ; le *Rovuma* et le *Djoub*.

Lacs. — Le lac **Tchad** ou *Tsad*, au centre, est l'un des plus grands lacs connus de l'Afrique. — Sous l'équateur, se trouvent le lac **Victoria** ou **Oukérévé-Nyanza** et le lac **Albert** ou **Mvoutan-Nzighé**, vastes nappes d'eau découvertes par Speke et Baker, et reconnues par Stanley et quelques autres voyageurs récents.

Le Nil Blanc sort du premier et entre, quelque temps après, dans le second, d'où il poursuit son cours vers le N. — Un autre grand lac nommé **Tanganyika**, très allongé du N. au S., s'écoule, à l'O., dans le Zaïre par le *Loukouga*.

Le célèbre voyageur Livingstone a découvert entre 11 et 12 degrés de latitude S., le lac *Bangouélo* ou *Bemba*, qui appartient au bassin du Zaïre. — Plus loin, se trouvent le lac **Nyassa**, qui s'écoule dans le Zambèze, et les lacs *Chiroua* et **Nyami**, qui sont sans communication avec la mer.

On remarque, dans le N. de l'Afrique, le lac *Melghigh*, près du mont Atlas. C'est un lac temporaire, c'est-à-dire qui est à sec pendant un certain temps de l'année, comme le sont plusieurs autres lacs de cette région de l'Afrique. — A l'E., se trouve le lac **Dembéa** ou **Tana**, formé par le Nil Bleu. — A l'O., est le lac *Déboé*, formé par le Diali-ba.

Productions. — L'Afrique est la partie de l'Ancien continent la plus riche en or : ce métal s'y trouve surtout sous la forme de poudre, et y fait l'objet d'un grand commerce. Le cuivre et le fer sont abondants. Le sel est commun dans les déserts arides. Il y a dans le S. des mines de diamants.

Le froment, le riz, d'autres céréales nommées dourah et sorgho, l'orge, le maïs, le manioc, dont la racine donne une excellente farine, procurent, dans plusieurs contrées, de précieuses récoltes.

Le dattier se plaît au milieu des sables du N., et les dattes y sont le principal aliment des tribus nomades. Les orangers, les citronniers, les cédratiers, se voient particulièrement sur les rives de la Méditerranée; les pamplemousses, qui appartiennent à la même famille, préfèrent les régions du S. La vigne réussit également dans les parties les plus septentrionales et les plus méridionales, et dans les îles Madère et Canaries.

Le cocotier, le palmier élaïs, qui donne l'huile de palme ; le bananier ; l'acacia vrai, qui fournit la gomme arabique ; le gigantesque baobab, le bombax ou fromager, le figuier indien, le dragonnier, intéressant par sa résine appelée sang-dragon ; l'arachide ou noix de terre, qui fournit une huile abondante ; d'énormes euphorbes, d'innombrables mimoses, sont communs dans les régions moyennes.

Dans le N.-E., on récolte le séné, qui est l'objet d'un grand commerce.

Le caféier croît naturellement dans la partie orientale, et l'on pense même que cette plante précieuse est originaire de l'Afrique, d'où elle aurait été transportée en Arabie.

La canne à sucre, l'indigo et le cotonnier sont cultivés dans plusieurs parties.

Ce n'est qu'en Afrique que l'on trouve la girafe et le zèbre.

Les lions y sont plus nombreux que dans aucune autre partie du globe.

Le léopard, la panthère, l'hyène, le chacal, sont des animaux féroces répandus presque dans toutes les régions africaines.

L'éléphant, le rhinocéros, l'hippopotame, habitent dans les parties moyennes et méridionales.

Dans le N., il y a un grand nombre de chameaux.

On rencontre en beaucoup d'endroits la gazelle, la civette, qui produit la matière odorante du même nom. D'innombrables antilopes peuplent plusieurs contrées, surtout celles du sud ; il y a de nombreuses espèces de singes, entre autres les chimpanzés, les gorilles, les mandrills, etc.

Parmi les oiseaux, on remarque l'autruche, qui erre dans les déserts du N. ; l'outarde, la demoiselle de Numidie, la grue couronnée, l'ibis, révéré des anciens Égyptiens ; la cigogne ; les albatros ou moutons du Cap, énormes oiseaux

aquatiques ; les cormorans, les pintades, de belles espèces
de coucous ; de nombreuses variétés de perroquets, entre
autres les jacos, qui apprennent le mieux à parler ; des vautours ; le messager ou secrétaire, etc.

On trouve le crocodile dans la plupart des fleuves ;
parmi les serpents venimeux, on peut citer la vipère hajè
d'Égypte, et le céraste, qui se tient caché dans les sables
des déserts.

Les mers d'Afrique sont peuplées de poissons curieux par
l'éclat de leurs couleurs ou par la bizarrerie de leurs formes :
tels sont les exocets ou poissons volants.

La coquille qui donne la pourpre se trouve sur les côtes
de la Méditerranée.

Un des insectes les plus nuisibles de l'Afrique est le cri-
quet, espèce de sauterelle, dont les nuées redoutables dévastent en un moment des provinces entières ; mais les habitants du désert en font un de leurs mets principaux.

Les scorpions sont très nombreux.

Les fourmis blanches, ou termites, causent beaucoup de
ravages.

La mouche tsétsé, qui fait périr les bœufs et les chevaux,
se rencontre dans plusieurs contrées du Sud.

Les plus belles espèces de corail sont communes sur les
côtes septentrionales de l'Afrique.

CONTRÉES DE L'AFRIQUE

Région correspondant à l'Afrique connue des anciens.

Les anciens connaissaient, en Afrique, l'*Égypte*, l'*Éthiopie au-dessus de l'Égypte*, la *Libye maritime* (divisée en
Cyrénaïque et *Marmarique*), l'*Afrique propre*, la *Numidie*,

la *Mauritanie :* ils avaient quelques vagues notions sur la *Libye intérieure* et l'*Éthiopie intérieure*. Leurs connaissances étaient généralement restreintes à la région située au N. de l'équateur, et s'étendaient surtout vers le Nil et la Méditerranée.

Trois pays modernes sont situés dans la *région du Nil et de la mer Rouge :*

On voit d'abord, au N., entre la mer Rouge et la Méditerranée, à côté de l'isthme de Suez, l'**Égypte**, fécondée par les débordements périodiques du Nil, qui la traverse du S. au N., et dont la vallée y est resserrée entre la chaîne Arabique, à l'E., et la chaîne Libyque, à l'O. Elle est fameuse par son ancienne civilisation, par ses intéressantes ruines, par l'expédition française de 1798 et la grande et belle description qui en a été la conséquence ; elle est gouvernée par un vice-roi ou khédive, qui est tributaire de l'empereur de Turquie. Elle est divisée en *Haute, Moyenne* et *Basse-Égypte.* C'est dans cette dernière que sont les villes les plus importantes du pays : **le Caire**, capitale, sur le Nil, peuplée de 350 000 habitants ; — **Alexandrie** (220 000 hab., parmi lesquels on compte beaucoup d'Européens), port célèbre sur la Méditerranée, principal entrepôt du commerce maritime de l'Égypte ; — *Rosette, Damiette*, situées chacune à l'embouchure de l'une des deux principales branches du Nil qui forment le Delta ; — *Aboukir*, place forte, sur la Méditerranée, fameuse par deux combats, en 1798 et 1799 ; — *Suez*, port sur la mer Rouge, et *Port-Saïd*, vers l'emplacement de l'ancienne Péluse, sur la Méditerranée, deux places importantes pour le commerce, aux extrémités du canal de Suez ; — vers le milieu de l'isthme, sur les bords du canal, *Ismaïlia.*

Parmi les anciens monuments si nombreux, on distingue ceux des ruines de **Thèbes**, dans la Haute-Égypte, et les **Pyramides**, vers l'emplacement de *Memphis*, près du Caire.

Ile et temple de Philœ.

Il y a vingt et une pyramides : les trois plus septentrionales sont les plus grandes.

Tout ce qui, en Égypte, se trouve loin de la vallée ou du
delta du Nil, est stérile et désert, excepté quelques oasis,
dont les principales sont la *Grande Oasis*, la *Petite Oasis*
et l'oasis de *Syouah* (l'ancienne oasis d'*Ammon*), toutes
à l'O.

La population des possessions égyptiennes (aussi bien en
Égypte qu'en Nubie) est d'environ 8 millions d'habitants.

L'Égypte est dans une position physique très remarquable, qui la rend propre à être le lien du commerce entre
l'Afrique et l'Asie, entre l'Europe et l'Inde.

LE CANAL DE L'ISTHME DE SUEZ. — Le *canal de Suez*,
qui joint directement la Méditerranée à la mer Rouge, en
coupant l'isthme du même nom, est dû à l'initiative de
M. Ferdinand de Lesseps. Il a été ouvert en 1869. L'isthme
a 120 kilomètres, mais, comme on a légèrement obliqué
dans la région médiane, la longueur du canal est de 164 ki-
omètres, sa largeur est de 100 mètres, sa profondeur de
    mètres. Grâce à cette belle voie de communication,
'Inde, la Chine, le Japon, l'Océanie, les côtes orientales
de l'Afrique se trouvent rapprochées de l'Europe ; ces
contrées que les navires ne pouvaient atteindre qu'après
une longue navigation, sont ainsi tout à fait à la portée du
commerce européen.

Au sud de l'Égypte, on entre dans la **Nubie**, généralement dépendante du khédive, et traversée du S. au N. par
le *Nil* (qui s'y forme par la réunion du *Nil Blanc* et du *Nil
Bleu*). — La principale ville est **Khartoum**, au confluent
des deux Nils.

A la Nubie se trouve annexé, comme possession du vice-
roi d'Égypte, le *Kordofan*, pays qui fait partie du Soudan.

On appelle *île de Méroé* la presqu'île comprise entre le Nil Bleu, le Nil proprement dit et le Tacazzé (l'ancien Astaboras).

Au S.-E. de la Nubie, est l'**Abyssinie**, ou plutôt l'**Éthiopie**, pays montagneux et pittoresque, qui renferme les sources du Nil Bleu et le lac Dembéa. La plus grande partie de cette contrée formait l'empire du *négous* Théodoros, qui a été un instant puissant, mais que les Anglais ont renversé en 1868. — **Gondar** est la capitale nominale de cette contrée, où l'on remarque aussi les royaumes de *Tigré* et de *Choa*.

Les Abyssins proprement dits, qui se nomment eux-mêmes *Itiopavan* (Éthiopiens) ou *Agazian*, ont le teint noir; ils se rattachent cependant à la race blanche par les traits de leur visage.

On peut joindre à cette région du Nil et de la mer Rouge le **Somâl** ou *Çomal*, qui comprend la partie la plus orientale de l'Afrique, c'est-à-dire la contrée placée au sud du détroit de Bab-el-Mandeb et du golfe d'Aden. — *Zeïlah* est une des villes principales. Nous y avons la station d'*Obock*.

La **Barbarie**, ainsi nommée des *Berbères*, qui en sont les véritables indigènes, est appelée en arabe *Maghreb* (l'occident), et occupe un long espace de l'E. à l'O. sur la côte méridionale de la Méditerranée ; elle est couverte, dans sa partie occidentale, par le mont **Atlas**, qui établit dans cette région trois divisions distinctes : au N., le **Tell**, riche en blé ; — au milieu, les **plateaux**, fertiles en pâturages ; — au S., le désert qui forme le **Sahara barbaresque**.

Les pays barbaresques se composent de quatre divisions politiques : la régence de *Tripoli*, la régence de *Tunis*, l'*Algérie* et l'empire de *Maroc*.

La régence de **Tripoli**, gouvernée par un pacha qui reconnaît la suzeraineté de la Turquie, est très étendue, mais peu peuplée. La capitale est **Tripoli**, sur la Méditerranée. Le *Fezzan* en dépend, ainsi que l'oasis de *Ghadamès*.

La régence de **Tunis**, ou la **Tunisie**, qui s'étend du N. au S., à l'O. des golfes des Syrtes, est gouvernée par un bey, qui dépend nominalement de l'empereur de Turquie ; la capitale est **Tunis** (125 000 hab.), près d'un golfe de même nom et vers l'emplacement de l'ancienne *Carthage*.

La France étend son protectorat sur ce pays.

L'**Algérie**, importante possession française, dont la conquête a commencé en 1830, s'allonge de l'E. à l'O., en face de la France. La chaîne de l'*Atlas* la parcourt de l'O. à l'E.

Elle est, comme toute la Barbarie occidentale, divisée physiquement en trois parties : 1° la région maritime qu'on appelle le *Tell* (du mot latin *Tellus*), et qui est surtout fertile en céréales (froment, orge, maïs, riz) ; — 2° les *plateaux*, renfermés entre deux massifs de l'Atlas, et riches en pâturages ; — 3° le *Sahara algérien*, qui est un désert sablonneux, mais parsemé d'oasis où abondent d'excellents fruits, tels que les grenades, les pêches, les abricots, les figues, les amandes, les olives, les raisins et surtout les dattes. Une grande partie de ce Sahara est occupée par des *chotts* ou lacs peu profonds, qui sont généralement au-dessous du niveau de la Méditerranée : on a projeté d'introduire l'eau de cette mer dans la région des chotts.

L'Algérie constitue un gouvernement général civil, divisé en trois départements : ceux d'**Alger, d'Oran** et de **Constantine.**

Principales villes : 1° Dans le département d'ALGER : **Alger** (65 000 hab.), capitale du gouvernement général, et belle ville maritime sur la Méditerranée ; *Blidah* (20 000 hab.), dans une position délicieuse, au pied de l'Atlas ; *Médéah ; Dellys*, port de mer.

C'est dans le N.-E. du département d'Alger que se trouve la région montagneuse nommée *Grande Kabylie*. Le Jurjura la couvre de ses escarpements.

2° Dans le département d'ORAN : **Oran** (50 000 hab.), préfecture, importante place forte ; *Mers-el-Kebir* lui sert de port ; *Mostaganem*, autre ville maritime ; *Tlemcen* (25 000 hab.), ancienne capitale d'un royaume du même nom ; *Mascara ; Sidi-bel-Abbès*, etc.

3° Dans le département de CONSTANTINE : **Constantine** (ancienne *Cirta*), (40 000 hab.), préfecture, sur le Rummel, dans une position très forte ; *Bougie*, port de mer et place forte, vers l'embouchure de l'Ouad-Sàhel dans le golfe de Bougie ; *Philippeville*, port très fréquenté, sur le golfe de Stora ; *Bône* (anc. *Hippone-Royal*), avec un beau port, sur le golfe de même nom, à l'embouchure de la Seïbouse ; *Sétif*, dans l'intérieur, etc.

Dans le N.-O. du département de Constantine, se trouve la *Petite Kabylie*, depuis longtemps soumise.

L'empire de **Maroc**, placé à l'extrémité N.-O. de l'Afrique, en face de l'Espagne, et baigné à la fois par la Méditerranée, le détroit de Gibraltar et l'Atlantique, est un pays admirablement placé et d'une extrême fertilité. Il y a deux capitales : **Maroc** (50 000 hab.), en partie ruinée ; **Fez** (100 000 hab.). Les autres villes sont : *Méquinez*, dans l'intérieur ; *Tanger, Mogador*, sur l'Atlantique. — Les Espagnols y ont *Ceuta* et quelques autres places maritimes (*les présides*).

Le **Sahara**, ou **Grand Désert**, s'étend au loin dans l'intérieur du continent, au S. de la Barbarie, depuis l'Égypte et la Nubie jusqu'à l'océan Atlantique, où l'on remarque les caps *Blanc* et *Bojador*. Il a, de l'E. à l'O., une longueur presque égale à celle de l'Europe. Il se compose, en partie, de vastes plaines arides, à travers lesquelles se présentent çà et là des oasis, entre autres celles de *Touât* et d'*Ahir* ou *Asben*. Un des produits de cette contrée est la gomme arabique.

Parmi les peuples du Sahara, un des principaux est celui des **Touareg**, d'origine berbère.

On applique le nom de désert de *Libye* à la partie la plus orientale du Sahara, qui comprend à peu près l'ancienne *Libye intérieure*, habitée par les *Gétules* et les *Garamantes*.

D'importantes expéditions et plusieurs voyageurs français, entre autres M. Duveyrier, ont contribué à mieux faire connaître cette grande région.

Afrique occidentale, méridionale et sud-est.

La **Sénégambie**, qui doit son nom aux deux fleuves principaux qui l'arrosent, le **Sénégal** et la *Gambie*, est la partie la plus occidentale de l'Afrique.

Le cap *Vert*, qui la termine à l'O., est le point le plus occidental de l'Ancien continent.

La Sénégambie est fertile ; il y a d'épaisses forêts, formées de palmiers, de tamariniers, de papayers, de citronniers, d'orangers, de sycomores, de baobabs (les plus gros arbres du monde), de bombax, de chis ou arbres à beurre, qui donnent une matière semblable au beurre. Les acacias-gommiers sont communs, surtout dans le N., où le commerce de la gomme est très considérable. L'arachide, qui donne une huile abondante, est aussi une production très importante de ce pays.

Trois nations européennes, les *Français*, les *Anglais* et les *Portugais*, ont des possessions dans la Sénégambie.

Les Français possèdent la plupart de leurs établissements sur les bords du Sénégal. Leur chef-lieu est **Saint-Louis**, sur une île de ce fleuve, près de son embouchure. — Deux de leurs principales positions maritimes sont **Dakar** et l'île de *Gorée*, près du cap Vert.

Les Anglais ont quelques établissements sur la Gambie.

Les Portugais sont établis au S.

Les *Foula* sont une belle nation, d'un rouge noirâtre.

Les *Yolofs* et les *Mandingues* sont parmi les principaux peuples nègres de ce pays.

La **Guinée supérieure** s'étend le long de la côte septentrionale du golfe de Guinée. On y remarque : la côte de *Sierra-Leone*, qui appartient aux Anglais; — la côte des *Graines* ou du *Poivre*, où se trouve la petite république nègre de *Liberia*, fondée par les Américains pour les nègres affranchis; — la côte d'*Ivoire* ou des *Dents*, où la France a eu des établissements ; — la côte d'*Or*, où se trouvent l'empire d'*Achanti* et des possessions anglaises; — la côte des *Esclaves*, comprise dans le royaume de *Dahomeh* : — la côte de *Bénin*, avec une grande ville de même nom ; — la côte de *Calabar; —* celle de *Gabon*, où la France a un établissement.

Dans l'intérieur, se trouve la grande ville d'**Abbéokuta** (100 000 hab.).

La **Guinée inférieure**, située au S.-E. de la Guinée supérieure, renferme le royaume de *Congo*, dont la capitale est **San-Salvador** : la colonie portugaise d'*Angola*, dont la capitale est **Saint-Paul-de-Loanda**, et la colonie de *Benguéla* dont la ville principale est *Saint-Philippe-de-Benguéla*.

L'**Ovampie**, pays encore peu connu, est située au S. de la Guinée inférieure, aussi sur l'Atlantique. On l'a appelée ainsi à cause de l'un de ses principaux peuples, les *Ovampo*.

La **Hottentotie**, ou le pays des **Hottentots indépendants,** est une assez grande contrée, séparée de la
colonie du Cap par le fleuve Orange ou Gariep, et baignée
à l'O. par l'Atlantique.

Sur la limite de l'Atlantique et de l'océan Indien, est la
colonie anglaise du **Cap**, région fertile et salubre, avantageusement placée à l'extrémité méridionale de l'Afrique, et
terminée au S.-O. par le célèbre cap de Bonne-Espérance,
auquel elle doit son nom. Ce cap fut découvert en 1486, par
le Portugais Barthélemi Diaz, que le manque de vivres et
les mauvais temps empêchèrent d'avancer beaucoup plus
loin ; aussi fut-il d'abord appelé cap des *Tempétes* ou des
Tourmentes ; mais bientôt on lui donna le nom de Bonne-
Espérance parce qu'il offrait une route nouvelle pour aller
aux Indes. Vasco de Gama, autre navigateur portugais, le
doubla en 1497, et arriva en Asie par cette voie. — La capitale de la colonie est **le Cap**, en anglais *Cape-Town*.

Les pays de la côte S.-E. de l'Afrique, sur l'océan Indien,
sont les suivants :

1° La **Cafrerie** est située entre la colonie du Cap, la
Hottentotie, le Mozambique et l'Ovampie. On la divise en
deux parties : la *Cafrerie maritime*, au milieu de laquelle
les Anglais ont la province de **Natal,** et où se trouvent
aussi les *Zoulous ;* — la *Cafrerie intérieure*, avec les *Bet-
jouana,* etc.

Le *Zambèze* ou *Liambáy*, dont le cours a été surtout exploré par l'illustre voyageur Livingstone, arrose ce pays au
N., et y forme la magnifique cataracte de Victoria.

C'est dans le N.-E. de la Cafrerie que se trouvait l'empire
du *Monomotapa*, aujourd'hui détruit.

Il y a, dans le S., un assez grand nombre de *Boers*, anciens colons hollandais. Ils ont fondé deux républiques :

celle du **Fleuve-Orange** et celle du **Trans-Vaal**, ainsi nommée du *Vaal*, affluent de l'Orange. Cette dernière vient d'être annexée aux possessions anglaises.

2° La province portugaise de **Mozambique**, située en face de l'île de Madagascar, dont elle est séparée par le canal de Mozambique, est traversée par le Zambèze.

Les indigènes sont, les uns, d'origine cafre, les autres, des nègres proprement dits. La capitale est *Mozambique.*

L'ivoire est un des principaux objets de commerce.

3° Le **Zanguebar** est un long pays situé au N. du Mozambique et traversé par l'équateur. Parmi les villes principales, on remarque **Zanzibar**, dans l'île de même nom, résidence d'un sultan arabe, qui a sous sa souveraineté presque toute la côte de Zanguebar. En face, sur le continent *Bagamoyo.* — On rencontre, au N. de l'île de Zanzibar, l'île de *Mombaza*, qui a un port renommé. — La population du Zanguebar est un mélange d'Arabes et de nègres. — L'ivoire est aussi un des principaux objets de commerce de ce pays.

Afrique centrale.

On remarque, dans le centre de l'Afrique, la grande région qu'on nomme *Nigritie*, et qui se divise en deux parties :

1° La première est la **Nigritie septentrionale** ou proprement dite, qu'on appelle aussi **Takrour, Soudan** ou plutôt **Beled-es-Soudan** (pays des nègres), et qui se divise en un grand nombre de royaumes et de pays. Tels sont :

A l'O., le pays des *Bambara :* — l'État et la ville de **Tombouctou** (ou mieux *Ten-Boktou*), siège d'un grand commerce. Sa population ne doit pas atteindre 20 000 hab. Le premier Européen qui ait donné des renseignements certains sur cette célèbre ville est Caillié, qui la visita en 1828 ; le docteur Barth l'a vue à son tour en 1853, lors de son mémorable voyage dans le Soudan ; puis le docteur Lenz, en 1880. — Au milieu : le *Haoussa*, vaste et industrieux pays, avec *Sakatou*, *Vourno* et **Kano**, le plus grand marché de l'Afrique centrale ; — le *Boléva* avec la ville de **Yakoba**, peuplée de 150 000 habitants ; — l'empire de *Bournou* (capitale *Kouka*), et les royaumes de *Baghirmi* et de *Kanem*, vers le lac Tchad. — Le royaume d'*Adamaoua*, au S.; — le *Ouaday*, le *Darfour* et le *Kordofan*, à l'E.; ces deux derniers pays sont compris dans les possessions du vice-roi d'Égypte. — Les *Dinka*, les *Chelouk*, les *Nouerr*, les *Barri* et les *Berri* habitent vers le Nil Blanc, et ont été visités par les voyageurs d'Arnaud, Lejean, Heuglin, Mlle Tinné, etc. — Les *Nyam-Nyam* sont des anthropophages qui habitent l'O. du Nil Blanc et qui ont été décrits récemment par Schweinfurth. Près d'eux, sont les *Akka*, peuplade de nains.

2° La **Nigritie méridionale** est la région la moins connue de l'Afrique. Vers sa partie orientale, s'élèvent les monts *Kénia* et *Kilima-n'Djaro*, qui sont peut-être les *montagnes de la Lune* des anciens. Speke a découvert, dans le nord de cette contrée, le lac *Oukérévé* ou *Victoria*, que Stanley a reconnu depuis. Baker, Gessi et Stanley ont visité le lac *Mroutan-Nzighé* ou *Albert*. Stanley a aussi vu deux grands affluents méridionaux du lac Victoria, le *Chimiyou* et l'*Alexandra*, qui sont, l'un ou l'autre, sans doute, la vraie source du Nil. Le *Nil Blanc* coule du lac *Victoria* dans le lac *Albert*, d'où il sort au N.

Le *Tanganyika*, qui, d'après la découverte de Cameron, s'écoule à l'O. dans le Zaïre, est un long lac, entre 3 et 8 degrés de latitude S. Stanley l'a visité le dernier, et il a suivi le Loualaba ou Zaïre, dans lequel il a constaté une

grande courbure au N. de l'équateur, puis une direction
S.-O. jusqu'à la mer.

Vers 12 degrés de latitude S., sont le lac *Banyouéolo*,
dans le bassin du Zaïre, et le lac *Nyassa*, dans le bassin du
Zambèze, tous deux décrits pour la première fois par Livingstone. Un peu plus au S. encore, est le lac *Chiroua*,
qui n'a pas d'écoulement.

On remarque, comme pays et comme peuples, dans la Nigritie méridionale, l'**Ounyamouési**, le **Karagoué**, l'**Ou-
ganda**, l'*Ousoga*, les *Masaï*, le *Djaga*, les *Manyouéma*, le
Londa, l'*Ouroua*. Parmi les villes, on peut citer **Kaouélé**
ou **Oudjidji**, sur la rive orientale du lac *Tanganyika*, —
Taborah, entre le lac Tanganyika et l'océan Indien. —
Nyangoué, sur le Loualaba.

HABITANTS DE L'AFRIQUE. — Il y a en Afrique environ
200 millions d'habitants. Quoique ceux du nord appartiennent à la race blanche, ils sont fortement bronzés par
l'action du soleil, et quelques-uns ont un teint à peu près
noir, mais ils ont la physionomie des blancs : tels sont les
Berbères (auxquels appartiennent les Kabyles et les Touareg), les Coptes (Égyptiens proprement dits), les Nubiens,
les Abyssins ou Éthiopiens, les Somàli. Plusieurs peuples
étrangers sont venus s'y mêler aux indigènes : on remarque,
entre autres, des Turcs et surtout des Arabes ; il y a aussi,
depuis la conquête d'Alger, un assez grand nombre d'Européens, et particulièrement des Français.

Les Fellata et les Galla, peuples considérables, répandus
dans les parties moyennes, ont le teint brun et rougeàtre ;
ils sont comme la transition entre la race blanche et la race
nègre.

Les nègres, au front déprimé, aux joues proéminentes, au
nez large et épaté, aux cheveux laineux, occupent la plus
grande partie de l'Afrique moyenne. — Les *Cafres*, bien

faits, au teint d'un gris d'ardoise, à la physionomie intelligente, et les *Hottentots*, qui ont une couleur bistre ou d'un jaune brun, habitent le sud de l'Afrique. On les a souvent placés dans la race nègre, mais ils s'en distinguent assez pour former des races à part.

Beaucoup d'Anglais, de Hollandais et de Portugais se sont établis dans la région du S., et les Arabes s'étendent assez loin sur la côte orientale.

Les Madécasses ou Malgaches, peuple basané qui habite Madagascar, paraissent faire partie de la race malaise.

ILES AFRICAINES

Iles africaines de l'Atlantique. — 1° Les îles **Açores** (au Portugal) sont fertiles en excellents fruits (oranges surtout), mais exposées aux tremblements de terre. Les principales sont *Tercère* et *Saint-Michel*.

2° Les îles **Madère** (aussi au Portugal) ont pour île principale *Madère*, renommée par son vin.

3° Les **Canaries** appartiennent aux Espagnols. La plus considérable est **Ténérife**, célèbre par son haut pic volcanique ; la seconde est **Canarie** ou la *Grande-Canarie*. La plus occidentale est l'île de *Fer*, fameuse parce que son méridien a été choisi par plusieurs nations comme le premier pour le calcul de la longitude.

4° Les îles du **Cap-Vert** (aux Portugais) sont malsaines et exposées à de funestes sécheresses. *Santiago* est la plus grande.

5° La petite île de *Gorée*, près du cap Vert, appartient aux Français.

6° *Fernando-Po*, aux Espagnols, se trouve dans le golfe de Guinée.

7° L'île du *Prince* et celle de *Saint-Thomas* (aux Portugais) sont dans le même golfe.

8° *Annobon*, située au S. des trois précédentes, dépend des Espagnols.

9° L'*Ascension*, aux Anglais, a un bon port.

10° *Sainte-Hélène*, dépendante aussi de l'Angleterre, est célèbre par l'exil et la mort de Napoléon Ier.

11° Le groupe de *Tristan da Cunha*, fort reculé vers le S., est habité par une colonie anglaise.

Iles africaines de l'océan Indien. — 1° La grande île de **Madagascar** ou Malgache s'allonge du N.-E. au S.-O. Elle a de hautes montagnes dans son intérieur et des côtes basses et malsaines, mais d'une fertilité prodigieuse. Les *Hova* y sont le peuple dominant; leur capitale est *Tananarivou* ou *Tananarive*, vers le centre de l'île.

2° L'île de *Sainte-Marie*, aux Français, se trouve très près et à l'E. de Madagascar. *Nossi-Bé* et *Nossi-Komba*, petites îles qui appartiennent aussi à la France, sont sur la côte N.-O. de la même contrée.

3° L'île de la **Réunion** (ci-devant **Bourbon**), belle île française, a pour chef-lieu **Saint-Denis**.

4° **Maurice** (ci-devant **île de France**) est une autre précieuse colonie, autrefois aux Français, maintenant à l'Angleterre; chef-lieu, **Port-Louis**, grande ville de 70 000 hab.

5° L'île *Rodrigue* appartient aussi à l'Angleterre.

(Ces trois dernières composent les îles *Mascareignes*.)

6° Les îles **Comores**, dont les principales sont la *Grande Comore*, *Anjouan* et *Mayotte*, se trouvent dans le N. du canal de Mozambique. Les deux premières appartiennent à des princes arabes; Mayotte dépend de la France.

7° **Zanzibar** et *Mombaza* sont soumises au sultan de Zanzibar.

8° Les îles **Séchelles** dépendent des Anglais.

9° L'île **Socotora** ou *Socotra* située vers la pointe orientale de l'Afrique, appartient aux Anglais.

10° Les îles *Amsterdam* et *Saint-Paul*, d'origine volcanique et inhabitées, sont loin et au S.-E. de l'Afrique.

11° La terre de *Kerguelen* ou de la *Désolation* est une île froide et inhabitée, placée bien plus loin encore, par 50 degrés de latitude S. et 68 degrés de longitude E.

ASIE

DESCRIPTION PHYSIQUE GÉNÉRALE

Limites, mers, golfes et détroits. — L'Asie occupe la partie orientale de l'Ancien continent, et s'étend du 1er au 78e degré de latitude N.

Elle tient, vers l'O., à l'Europe et à l'Afrique par trois espaces de terre : le plus septentrional de ces espaces est le territoire des monts Ourals ; celui du milieu est l'isthme du Caucase, entre la mer Caspienne et la mer Noire ; le plus méridional est l'isthme de Suez, qui unit l'Asie à l'Afrique.

Partout ailleurs l'Asie est enveloppée par la mer :

Au N., elle est baignée par l'océan Glacial arctique ; à l'E., par le Grand Océan ; au S., par l'océan Indien.

L'océan Glacial arctique forme en Asie les golfes de l'*Obi* et de l'*Iéniséi*. — Le **Grand Océan** forme les mers de *Beering*, d'*Okhotsk*, du *Japon*, la mer *Jaune*, la mer de *Corée*, appelée aussi mer *Orientale* ou mer *Bleue*, et la mer de *Chine*, ou mer *Méridionale*, qui forme les golfes de *Tonkin* et de *Siam*. — **L'océan Indien** forme le golfe du *Bengale*, la mer d'*Oman*, le golfe *Persique* et la mer *Rouge* ou golfe *Arabique*.

L'océan Glacial communique avec la mer de Beering par le détroit de *Beering*, resserré entre l'extrémité N.-E. de l'Asie et l'extrémité N.-O. de l'Amérique. — On passe de la mer de Chine dans l'océan Indien par le détroit de *Malaka*, resserré entre la presqu'île de Malaka et l'île de Sumatra.

— Le premier grand enfoncement qui se présente a reçu le nom de golfe du *Bengale*. Le second s'appelle mer d'*Oman*. — Le golfe Persique est joint à l'océan Indien par le détroit d'*Ormus*. — La mer Rouge communique avec ce même océan par le détroit de *Bab-el-Mandeb*, entre l'Arabie et l'Afrique.

La mer **Méditerranée**, l'*Archipel*, la mer de *Marmara*, la mer *Noire* et la mer *Caspienne* forment une assez grande partie de la limite de l'Asie, à l'O.

Presqu'îles et caps. — Les côtes de l'Asie sont assez irrégulières, et l'on y voit de grandes presqu'îles.

A l'O., est la presqu'île de l'**Asie Mineure**, située entre la Méditerranée et la mer Noire. — Au S.-O., se trouve l'*Arabie*, qui s'avance entre la mer Rouge et le golfe Persique.

Au S., on voit deux grandes presqu'îles : 1º l'**Hindoustan**, ou la *presqu'île occidentale de l'Inde*, entre la mer d'Oman et le golfe de Bengale ; — 2º l'**Indo-Chine**, ou la *presqu'île orientale de l'Inde*, qui comprend la presqu'île de *Malaka*, et qui est resserrée entre le golfe du Bengale et la mer de Chine. — A l'E., on remarque : 1ʳ la presqu'île de **Corée**, située entre la mer Jaune, la mer de Corée et la mer du Japon ; 2º la presqu'île de **Kamtchatka**, entre la mer d'Okhotsk et la mer de Beering.

Le cap le plus boréal de l'Asie est le cap *Nord-Est* ; — le plus avancé à l'E. est le cap *Oriental*, sur le détroit de Beering ; le plus méridional est le cap *Bourou*, à l'extrémité de la presqu'île de Malaka ; le plus occidental est le cap *Baba*, dans l'Asie Mineure. — Les autres caps les plus remarquables de l'Asie sont : le cap de *Bab-el-Mandeb*, à l'extrémité S.-O. de l'Arabie, sur le détroit du même nom, et le cap *Comorin*, à l'extrémité méridionale de l'Hindoustan.

Étendue de l'Asie. — L'Asie a 10 200 kilomètres de

longueur, du N.-E. au S.-O., depuis le cap Oriental jusqu'au cap de Bab-el-Mandeb ; 8000 kilomètres du cap Nord-Est au cap Bourou, et 42 160 000 kilomètres carrés. Comme masse *continentale*, c'est la plus grande des parties du monde : elle comprend plus d'espace que l'Europe et l'Afrique réunies.

Iles. — Dans l'océan Glacial, sont les îles *Liakhov*, froides et désertes, et la terre de *Wrangel*, très peu connue.

A l'E., on remarque les îles *Kouriles*, entre la mer d'Okhotsk et le Grand Océan ; les îles du **Japon**, situées entre la mer du Japon et le Grand Océan, et comprenant *Nippon*, la plus grande île de l'Asie, *Kiou-siou*, *Sikok*, *Yéso* ; — l'île de *Sakhalien* ; — l'île **Formose**, entre la mer de Corée et celle de Chine ; — l'île de **Haï-nan**, dans la mer de Chine.

Dans la partie orientale du golfe du Bengale, on trouve les îles *Andaman* et *Nicobar*. — L'île de **Ceylan**, une des plus belles du monde, est à l'entrée sud-ouest du même golfe. — Au S.-O. de l'Hindoustan, on voit les îles *Laquedives* et la longue chaîne des *Maldives*, environnées de récifs.

Dans la mer Méditerranée, on remarque l'île de **Chypre**, près et au S. de l'Asie Mineure ; — dans l'Archipel, les îles *Sporades*, dont la principale est **Rhodes**, et les îles de *Samos*, de *Khios* et de *Métélin*.

ASPECT GÉNÉRAL, RELIEF DU SOL. — PLATEAUX, MONTAGNES, VOLCANS, CLIMAT.

Le sol de l'Asie est très haut vers le centre ; il y forme un immense plateau qui s'élève progressivement du nord au sud. Ce plateau, coupé de chaînons gigantesques, renferme également quelques plaines désertes, et est entouré presque partout d'énormes montagnes.

Parmi ces montagnes, on remarque au N., les monts *Altaï*

(ou monts d'Or); à l'O., les monts *Célestes* (en chinois *Thien-Chan*) en parties couverts de neiges éternelles; plus au midi, les monts **Karakoram** ou **Karakorum**, que les Chinois considèrent à tort comme les plus hautes de leur empire; puis le *Kouen-lun*.

Une partie de ce plateau à l'O., prend le nom de *Pamir* et s'adosse à l'énorme talus du *Tsoung-ling* improprement appelé **Bolor** et qui dépasse 7800 mètres. La superficie du **Pamir** peut être évaluée à 100 000 kilomètres carrés. Son altitude moyenne est de 4000 à 4500 mètres. C'est là le nœud du vieux continent Asiatique, la citadelle naturelle qui commande les grandes voies de communication; aussi les habitants dans leur langage figuré lui ont-ils donné le nom de *toit du monde*.

Le plateau du **Tibet**, qui n'est que la continuation méridionale du plateau central, se maintient à environ 4500 mètres d'altitude. C'est le plus haut du globe.

Au sud de ce plateau géant, la chaîne de l'*Himalaya* décrit un arc de cercle de plus de 2000 kilomètres de longueur et se dresse assez brusquement au-dessus des plaines relativement basses de l'Hindoustan. Les monts **Himalaya** (c'est-à-dire séjour de la neige) **sont les plus hautes montagnes de la terre**. Le point culminant est le *Gaurisankar* appelé aussi mont *Everest*, en souvenir d'un officier de l'armée anglaise qui l'a mesuré (sa hauteur est de 8830 mètres). Les autres principaux sommets sont le *Kintchindjinga* (près de 8600 mètres) et le *Dhaoualaghiri* (plus de 8000 mètres).

Dans l'Himalaya, les cultures cessent à partir de 3500 mètres. Au-dessus de 4000 mètres, tout vestige de végétation disparaît. L'homme a dépassé de beaucoup ces limites. Il existe dans le Tibet des villages à plus de 4000 mètres, et un groupe de maisons habité par des prêtres, à près de 4600 mètres. La hauteur des neiges éternelles est à environ 5300 mètres. D'immenses glaciers infiniment plus vastes que ceux des Alpes, s'étendent dans les ravins et sur les rampes de ces imposantes montagnes, qui ont un éternel été à leur pied, un éternel printemps dans la partie moyenne et toujours l'hiver à leur sommet. Les mythologues Indous les ont déifiées.

Entre le plateau central et le plateau de la Perse, est le *Caucase Indien*.

Le plateau de la *Perse* ou de l'*Iran* est bordé au N. par les monts du *Khoraçan* et par les monts **Elbrouz**. Le point le plus élevé est le **Démavend** (6400 mètres).

Dans le S. de l'Hindoustan sont les deux chaînes des *Ghattes occidentales* et des *Ghattes orientales*, entre lesquelles s'étend le plateau du Dékhan. Ces montagnes sont souvent boisées et parfois très pittoresques.

Dans le N.-E. de l'Asie, on voit les monts **Iablonoï** (montagnes pommelées) et **Stanovoï** (montagnes neigeuses) ; — sur la limite N.-O., les monts **Ourals** ; — dans l'O., les montagnes du **Liban** aujourd'hui dénudées, rocailleuses, autrefois couvertes d'immenses forêts ; — dans l'Asie Mineure, les monts **Taurus** et, entre la mer Noire et la mer Caspienne, la haute chaîne du **Caucase** ou *Iel-Bouz* (c'est-à-dire crinière de glace), à la crête dentelée et qui a pour principaux pics l'*Elbrouz* (5600 mètres) et le *Kazbeck* (5100 mètres).

On remarque également dans l'O. de l'Asie plusieurs massifs ou sommets célèbres dans l'histoire sacrée : le mont **Ararat** (l'*Agri-dagh* des Turcs), montagne escarpée, de nature volcanique, où s'arrêta, dit-on, l'arche de Noé, et qui est composé de deux immenses pics dont le plus élevé a 5400 mètres d'altitude ; — le mont *Nébo*, non loin de la Palestine, et où mourut Moïse ; — le mont **Sinaï** entre les deux bras de la mer Rouge et dont le point le plus élevé est le *Djebel-Mousa*, c'est-à-dire la montagne de Moïse.

Il y a de nombreux volcans sur la côte E. de l'Asie, c'est-à-dire dans le Kamtchatka, les îles Kouriles, le Japon. Il s'en rouve quelques-uns sur le plateau central.

Le mont Ararat.

Dans le nord de cette partie du monde, en Sibérie, on rencontre des plaines froides et stériles appelées *Toundras* par les Russes. — Dans le N.-O., d'autres plaines désertes désignées sous le nom de *steppes*, tantôt sablonneuses, tantôt couvertes d'herbes, et qui s'étendent à la fois dans la Sibérie et dans le Turkestan. — Les pays du sud sont très chauds et en général d'une extrème fécondité : telles sont les plaines du *Bengale* et de la *Cochinchine*, dans les presqu'îles de l'Inde.

Dans l'Arabie, sur le plateau de la Perse et sur le plateau central il y a de grands déserts, dont celui de *Gobi* ou *Cha-mo*, sur ce dernier plateau, est un des plus considérables.

Vers l'extrémité occidentale, le sol est généralement fertile et le climat tempéré. Cependant, on y remarque le désert de *Syrie;* mais, à côté, sont les riches plaines de la *Mésopotamie.*

Dans la partie orientale, s'étendent les magnifiques régions de la Chine, formées tantôt de plaines chaudes et très arrosées, favorables à la culture du riz, du coton, de la canne à sucre, tantôt de collines et de montagnes boisées où croissent le mûrier, l'arbre à thé, l'arbre à suif, etc. A latitude égale, il fait généralement plus froid en Asie qu'en Europe.

Fleuves. — L'Asie est partagée en six grandes divisions naturelles, dont deux sont des plateaux : le *plateau Central,* et le *plateau de la Perse.* Les quatre autres divisions sont : le *versant du N.* ou de l'*océan Glacial;* — le *versant de l'E.* ou du *Grand Océan;* — le *versant du S.* ou de l'*océan Indien;* — le *versant de l'O.* ou des *mers intérieures*, c'est-à-dire des mers Méditerranée, Noire, Caspienne et d'Aral.

Voici les principaux fleuves de chaque versant :

Versant de l'océan Glacial. — On voit, sur ce versant, l'**Ob** ou **Obi**, l'**Iéniséi** et la **Léna**.

Versant du Grand Océan. — L'**Amour** ou **Sakhalien-oula** a son embouchure en face de l'île de Sakhalien.

Le **Hoang-ho** ou *fleuve* **Jaune** se jette dans la mer Jaune.

Le **Kiang** ou **Yang-tse-kiang**, appelé vulgairement par les Européens *fleuve* **Bleu**, tombe dans la mer de Corée.

Le **Cambodge** ou **Mè-kong**, dont le cours a été exploré par une expédition française dirigée par MM. de Lagrée et

Fr. Garnier, se jette dans la mer de Chine ; et le *Mê-nam*, dans le golfe de Siam, formé par cette mer.

Versant de l'océan Indien. — Le *Salouen*, l'**Ava** ou **Iraouaddy**, le *Brahmapoutre* et le **Gange** se jettent dans le golfe du Bengale.

Le **Sind** ou *Indus* tombe dans la mer d'Oman.

Le **Tigre** et l'**Euphrate** forment, en se réunissant, le *Chot-el-Arab*, tributaire du golfe Persique.

Versant des mers intérieures. — Le *Kizil-Ermak* (ancien *Halys*) se rend dans la mer Noire.

L'**Oural**, dans la mer Caspienne.

Le **Djihoun** ou **Amou-daria** (anciennement *Oxus*) et le **Sihoun** ou **Syr-daria** (anciennement *Iaxartes*) se jettent dans la mer d'Aral.

Lacs. — Les plus grands lacs d'Asie sont la mer **Caspienne** et la mer d'**Aral**, placées sur le versant de l'O. La première est au-dessous du niveau des mers voisines.

On remarque ensuite, sur le versant du N., le lac **Baïkal**, qui s'écoule dans l'Iéniséi. — Sur le versant de l'E., se trouvent les lacs **Po-yang** et **Toung-thing**, qui communiquent avec le Kiang, et le *Talé-sab*, qui communique avec le *Mê-kong*. — Sur le versant du S., on voit le grand marais de *Rin*, près de la mer d'Oman.

Au milieu du plateau Central, on remarque le lac *Lob* : — vers les limites de ce plateau, le lac *Bleu* ou *Khoukhou-noor*, à l'E.; le lac *Tengri* ou *Nam-tcho* (c'est-à-dire lac du *Ciel*), au S., et les lacs **Balkhach** et *Issy-koul*, au N.-O.

Sur le plateau de la Perse, est le lac *Hamoûn*.

Sur de petits plateaux renfermés entre les versants de l'O. et du S., on voit les lacs salés d'**Ormiah** et de **Van**. — Le lac **Asphaltite** ou **mer Morte**, célèbre dans l'histoire sainte, est dans un bassin profond, à 400 mètres environ au-dessous de la Méditerranée, et sans communication avec aucune

autre mer. L'eau en est très salée et mélangée d'asphalte.
Ce lac reçoit au N. le *Jourdain*.

Climat et productions. — Le climat est bien plus
rigoureux dans le N. de l'Asie que dans les parties correspondantes de l'Europe. Au S., on éprouve des chaleurs
étouffantes. Sur les plateaux et les montagnes du milieu, il
fait plus froid que la latitude ne semble l'annoncer. A l'E. et
à l'O., la température est douce, mais plus basse qu'en Europe à latitude égale.

La ligne isotherme de $+$ 5 degrés, qui passe, en Europe,
par le 64ᵉ degré de latitude sur la côte O. de la Norvége, et
par 60 degrés vers Saint-Pétersbourg, descend, en Asie,
dans l'île de Sakhalien, à 50 degrés de latitude ; la ligne
de $+$ 10 degrés, qui passe en Irlande et dans les Pays-Bas,
à 54 et 52 degrés, s'abaisse, dans l'empire Chinois, jusque
vers 42 degrés, à peu de distance de Pé-king et de la Corée.
Le plateau Central et celui du Tibet doivent à leur altitude
considérable des froids rigoureux pendant une grande partie
de l'année ; et ces hauts plateaux, les énormes montagnes
qui les entourent, empêchent les vents chauds du midi de
se répandre sur les versants N. et N.-E. de l'Asie.

L'Asie possède une grande abondance de pierres précieuses : rubis, turquoises, saphirs, etc. Il y a des mines de
diamants dans l'Hindoustan. L'or et le cuivre abondent dans
les monts Ourals, les monts Altaï, l'Indo-Chine, l'Hindoustan, la Chine et le Japon ; le graphite et l'argent, en Sibérie ;
l'étain, dans la presqu'île de Malaka.

La végétation est magnifique dans le S. de l'Asie : on y
voit le palmier, l'indigotier, le cannellier, le poivrier, le
camphrier, le figuier indien, le tek, l'oranger, le bambou,
le bananier, le bois de sandal, le caféier, le cotonnier, la
canne à sucre, le riz, des bois odorants. Dans l'O., on remarque des oliviers, la vigne, des térébinthes, des lentis-

ques, des cyprès, des cèdres, des cerisiers, des abricotiers, des pêchers, des pruniers, des amandiers, des mûriers, des grenadiers, des figuiers, des céréales semblables à celles de l'Europe; dans l'E., le thé, l'arbre à vernis, les arbres à suif et à cire, le camélia, l'hortensia, etc.

Les chameaux sont les plus utiles bêtes de somme des régions occidentales et centrales. Les chevaux d'Arabie sont renommés. Les animaux du S. sont principalement les singes, les éléphants, les rhinocéros, les buffles, les tigres, les perroquets, les argus, les paons, les faisans dorés et argentés.

Dans les montagnes du centre, on rencontre la chèvre qui donne le duvet à chàles, le yak, le chevrotain porte-musc. Dans le N., il y a des martres, des hermines, des renards et autres animaux à fourrures. Le ver à soie est originaire du S.-E. On pêche sur les côtes du S. beaucoup de cauris et d'huîtres à perles. Les tortues y donnent une belle écaille.

CONTRÉES DE L'ASIE

L'Asie renferme douze divisions principales, qu'on peut classer en cinq régions : — 1° la région comprenant les pays situés sur le versant des mers intérieures et sur le plateau de la Perse, et ceux qui sont placés à la fois sur le versant des mers intérieures et sur celui de l'océan Indien ; c'étaient les parties de l'Asie les plus connues des anciens, et elles sont généralement placées entre la Méditerranée et l'Indus ; — 2° la région partagée entre le versant du nord ou de l'océan Glacial et celui du Grand Océan ou océan Pacifique ; — 3° les pays du plateau Central et de la principale partie du versant de l'est ou du Grand Océan ; — 4° la région partagée entre le Grand Océan et l'océan Indien ; — 5° les pays entièrement placés sur le versant du sud ou de l'océan Indien.

La **région du versant des mers intérieures et du plateau de la Perse** comprend la Transcaucasie, la Turquie d'Asie, la Perse, l'Afghanistan et le Turkestan.

La **Transcaucasie**, ou RUSSIE ASIATIQUE OCCIDENTALE, est une possession russe très bien placée et généralement fertile. Elle est appuyée sur le flanc méridional du mont Caucase, et située entre la mer Noire et la mer Caspienne. On y compte 3 millions d'habitants. La ville principale est **Tiflis** (100 000 hab.), dans la Géorgie. On remarque aussi *Erivan*, dans l'Arménie russe; *Bakou*, sur la mer Caspienne; *Batoum*, sur la mer Noire, et *Kars*, deux villes d'Arménie conquises récemment sur la Turquie.

La **Turquie d'Asie**, partie la plus orientale de l'empire Ottoman, est un fort beau pays, situé avantageusement à l'extrémité occidentale de l'Asie, entre la mer Noire, l'Archipel, la Méditerranée proprement dite et le golfe Persique; elle sert de lien aux trois parties de l'ancien monde. La population est de 14 à 15 000 000 d'habitants.

On y trouve des régions célèbres dans l'histoire : l'**Asie Mineure** (comprenant l'**Anatolie**, la **Caramanie**, etc.); — l'**Arménie**; — la **Mésopotamie**; — l'**Assyrie**; — la **Babylonie** (aujourd'hui *Irac-Arabi*); — la **Syrie** (qui renferme, outre la Syrie ancienne, la *Palestine* et la *Phénicie*).

On distingue les villes suivantes : 1° dans l'Asie Mineure : **Smyrne** (150 000 hab.), port très commerçant de l'Archipel, *Angora*, **Brousse** (60 000 hab.), *Cutahieh*, *Conieh*, **Tokat**, **Kaisarieh** (60 000 hab.), *Trébizonde*, port de la mer Noire; — 2° dans l'Arménie : **Erzeroum** (60 000 hab.); — 3° dans l'Assyrie : *Mossoul*, près des ruines de Ninive; — 4° dans l'Irac-Arabi : **Bagdad** (0 000 hab.), autrefois siège brillant de l'empire des Khalifes, sur le Tigre, et *Bassora*, port sur le Chot-el-Arab; — 5° dans la Syrie : *Alep*, **Damas** (avec 200 000 hab.), **Jérusalem** (30 000 hab.), célèbre dans l'Histoire sainte, et les ports de *Tripoli*, de **Beyrout**, de *Saïde*, d'*Acre* et de *Jaffa*.

L'île de **Chypre**, à l'O. de la Syrie, a été cédé en 1878 à l'Angleterre.

Parmi les nombreuses villes ruinées de cette contrée, on remarque *Troie, Ninive, Babylone, Éphèse, Palmyre, Tyr*.

La **Perse** ou **Iran** touche vers le nord à la mer Caspienne et vers le sud au golfe Persique et à la mer d'Oman. Elle comprend à l'est le Grand désert Salé, situé au milieu du plateau qui porte le nom de *plateau de la Perse ;* mais ailleurs, surtout au sud, elle offre des régions fertiles et agréables ; c'est la patrie primitive de la figue, de la grenade, de la mûre, de l'amande, de l'abricot, de la prune. — Le souverain du royaume porte le nom de *chah*. — La population est de 7 à 8 millions d'habitants. — Les principales provinces de Perse sont l'*Irac-Adjémir* (à peu près l'ancienne *Médie*) ; le *Farsistan*, le *Kouzistan,*, le *Khoraçan*, le *Kerman*. — **Téhéran** (200 000 hab.) est la capitale ; les autres grandes villes sont **Ispahan** (60 000 hab.), *Chiraz*, **Tauris** (120 000 hab.), *Hamadan, Balfrouch, Sari, Recht ;* le principal port sur le golfe Persique est *Aboucheher*.

L'**Afghanistan**, ou le **royaume de Caboul**, ne touche à la mer d'aucun côté. La partie occidentale appartient au plateau de la Perse ; le reste est dans les bassins de l'Indus et du Djihoun. Le Caucase Indien couvre le nord. La population est de 6 millions d'habitants. — La capitale est **Caboul** (60 000 hab.) ; les autres villes principales sont **Candahar** (60 000 hab.), *Ghiznih*, **Hérat**, ville commerçante très heureusement située, longtemps capitale d'un royaume indépendant (100 000 hab.). Les Persans et les Afghans se sont souvent disputé la possession de Hérat, d'une grande importance commerciale et militaire. — *Balkh* (l'ancienne Bactres).

Le Turkestan proprement dit ou **occidental,** qu'on appelle aussi TATARIE OCCIDENTALE ou TOURAN, s'étend à l'E. de la mer Caspienne et au S. de la mer d'Aral ; il offre un mélange de steppes nus et de provinces très fertiles. Cette contrée a été la patrie de nations guerrières (les Huns, les Alains, les Turcs, etc.) qui se sont répandues sur d'autres parties du globe et les ont bouleversées. Les Russes la subjuguent peu à peu et y ont le territoire *Transcaspien* avec le pays des *Tekkes*. — Elle est divisée en plusieurs États, dont les principaux sont les khanats de *Boukharie* et de *Khiva*. — Ses villes principales sont **Boukhara** ou **Bokhara** (réduite à 35 000 hab., mais autrefois beaucoup plus importante), capitale de la Boukharie ; **Khiva,** capitale d'un autre khanat, qui se trouve dans le pays de *Kharism.* Les Russes sont à peu près les maîtres de ce khanat.

Le Turkestan occidental renferme environ 3 millions d'habitants.

Dans le nord de l'Asie, sur le **versant de l'océan Glacial et sur la partie la plus septentrionale du versant du Grand Océan,** se trouve la **Russie asiatique orientale,** immense région, plus vaste que toute l'Europe, et cependant à peine peuplée de 8 millions d'habitants, à cause de la rigueur du climat. Elle est composée : 1° de la **Sibérie,** avec la partie de la *Mandchourie* que les Russes ont enlevée aux Chinois ; 2° du pays des *Kirghiz ;* 3° du gouv. général de **Turkestan,** y compris une partie de la *Mongolie* enlevée à la Chine, et le pays des **Khokand** ou **Ferghanah,** conquis sur un khan musulman.

Cette possession russe s'étend de l'O. à l'E., depuis les monts Ourals jusqu'au détroit de Beering ; les monts Altaï et d'autres grandes chaînes du rebord septentrional du plateau central l'enveloppent au S. ; elle s'avance au S.-O. jusqu'à la mer d'Aral et à la mer Caspienne ; la longue chaîne

Samarkand. — Vue prise dans l'intérieur de la ville.

des monts Iablonoï la parcourt à l'E. Les grands fleuves Ob, Iéniseï et Léna la traversent du S. au N.; l'Amour l'arrose au S.-E.; le Sihoun ou Syr-daria et l'Amou-daria, au S.-O.

Les parties les plus méridionales jouissent d'une température assez favorable, et ont quelques cantons fertiles en blé, en pâturages, en belles forêts, surtout dans les régions nouvellement acquises vers le fleuve Amour; mais la plus grande portion de ce pays se compose de plaines marécageuses, de lacs, de sombres forêts de conifères, de steppes sablonneux ou salés. La Sibérie est très importante pour la Russie par ses mines et par ses animaux à fourrures : il y a de l'or, du platine, de l'argent, du fer, du cuivre, de la houille, du graphite, des pierres précieuses, telles que des améthystes, des saphirs, des onyx, des aigues-marines; il s'y trouve aussi de grands animaux fossiles, entre autres des éléphants mammouths.

La presqu'île de Kamtchatka, couverte de hautes montagnes volcaniques, se trouve dans la partie orientale.

Les deux villes principales sont **Tobolsk** (30 000 hab.), dans la Sibérie occidentale, et **Irkoutsk** (30 000 hab.), dans la Sibérie orientale. — On peut encore remarquer : à l'O., *Tomsk, Omsk; Turkestan, Tachkend,* **Samarkand** (autrefois capitale du vaste empire de Tamerlan); *Khokand* dans le gouvernement de Turkestan, conquis par la Russie; — à l'E., *Iakoutsk, Nertchinsk,* **Kiakhta,** grand entrepôt de commerce entre les Russes et les Chinois; *Okhotsk* et *Saint-Pierre-et-Saint-Paul,* chef-lieu du Kamtchatka, ports importants sur le Grand Océan; *Nikolaevsk,* nouvellement fondée, près de l'embouchure de l'Amour.

L'île de Sakhalien appartient aux Russes. Les îles *Kouriles,* qu'ils possédaient aussi, ont été cédées au Japon.

Au centre et dans l'E. de l'Asie, **sur le plateau Cen-**

tral et sur le versant de l'océan Pacifique, on voit l'empire chinois. Le Japon est formé d'îles situées dans cet océan.

Le vaste **Empire chinois**, qui s'appelle encore l'*empire Céleste* ou *empire du Milieu*, est d'une très antique civilisation ; c'est le plus peuplé du globe (environ 450 millions d'habitants), et le plus grand après l'empire Russe. Il occupe tout le plateau central, tout le bassin du Hoang-ho et du Yang-tse-kiang, et une partie de ceux de l'Amour, de l'Iéniseï, du Mékong, du Brahmapoutre et de l'Indus. Il est enveloppé, d'un côté, par l'océan ; de l'autre, par les hautes montagnes de l'Himalaya, du Thien-chan (monts Célestes), de l'Altaï, etc. — Il renferme six contrées : la **Chine propre**, la **Mandchourie chinoise**, la **Corée**, la **Mongolie**, le **Tibet** et le **Turkestan oriental**.

De toutes ces contrées, la plus importante est la Chine propre, qui se distingue par la beauté de son climat, la fertilité de son sol, son industrie, sa nombreuse population (de 400 millions d'habitants), et qui est enveloppée, au N., l'espace de 2600 kilomètres, par le célèbre et inutile rempart connu sous le nom de *Grande Muraille*. — La capitale est **Pé-king**, ou plus exactement *King-ssé* ou *Chun-thian*, avec 1 500 000 habitants, dans la Chine propre, où l'on remarque aussi les très grandes villes de **Nan-king** ou plutôt *Kiang-ning* (500 000 hab.), de **Sou-tcheou** (2 millions d'hab.), de *Siang-tan* (1 million d'hab.), de **Tchang-tcheou** (1 million d'hab.), de **Canton** ou plutôt **Kouang-tcheou** (1 600 000 hab.). — Les principaux ports chinois ouverts au commerce des Européens sont : *Canton*, dans le sud de la Chine, un peu au-dessus de l'embouchure du Tchu-kiang ou Tigre ; **Chang-haï** (320 000 hab.), *Ning-po*, *Hia-men* ou *Emouy*, **Fou-tcheou** (630 000 hab.), sur la côte orientale ; **Hang-keou** (800 000 hab.), sur le Yang-tse-kiang, dans l'intérieur du pays, **Ning-po** (260 000 hab.).

Les autres divisions de l'empire n ont pas de villes bien considérables. *Moukden* et *Kirin* sont les villes principales de la **Mandchourie**. — La capitale du **Tibet** est **Lassa**, résidence d'un souverain pontife très vénéré, nommé Dalaï-Lama ; — celle de la **Corée** est *Han-yang* ou *Séoul* ; — on remarque *Ourga*, dans la **Mongolie**.

Le **Turkestan oriental**, qui a été indépendant quelque temps dans ces dernières années, mais qui est retombé sous le joug de la Chine, a pour villes importantes *Iltchi* ou *Khotan*, **Yarkand** et **Kachgar**.

Le *Boutan*, pays situé dans les monts Himalaya, est rattaché tantôt à l'empire Chinois, tantôt à l'Hindoustan.

Ce sont les Mandchoux qui, depuis deux siècles, sont les maîtres de l'empire ; mais une grande insurrection, qui a récemment agité la Chine pendant plusieurs années, a failli les expulser du pouvoir.

Les Portugais possèdent, dans la baie de Canton, la ville de *Macao*, sur l'île du même nom ; et les Anglais y ont l'île de *Hong-kong*, avec la ville de *Victoria*.

Le **Japon**, empire insulaire, placé à l'E. de l'empire chinois, et remarquable, comme celui-ci, par son antique civilisation, se compose principalement des îles de **Nippon**, **Kiousiou**, **Si-kok**, **Yéso** et des **Kouriles**.

L'empereur, qui est en même temps le souverain pontife, a le titre de mikado ; le taïcoun ou vice-roi, qui avait un pouvoir considérable, vient d'être renversé.

L'ancienne capitale du Japon, située dans le S.-O. de l'île de Nippon, est **Myako, Kyo** ou **Kyoto** (400 000 hab.). — **Yédo** ou **To-Kyo** (800 000 hab.), la capitale actuelle, est une ville maritime, plus grande et plus peuplée que la précédente. — **Osaka**, port florissant, est près de Myako.

Nagasaki, dans Kiou-siou, a été, depuis le milieu du dix-septième siècle jusqu'à 1854, la seule ville ouverte aux étrangers, et les seuls étrangers admis étaient les Chinoiste les Hollandais ; mais les Américains, les Anglais, les Français, les Russes et les Allemands viennent d'obtenir le droit d'y aborder, ainsi que dans quelques autres ports de l'empire, tels que *Yokohama* (près de Yédo), *Osaka, Hakodade* (dans Yéso).

La population du Japon est d'environ 33 millions d'habitants.

Les îles **Lieou-khieou,** *Lou-tchou* ou *Riou-kiou,* au S.-O., forment un petit royaume dépendant du Japon, et habité par un peuple doux et hospitalier.

Une région est située **à la fois sur les versants du Grand Océan et de l'océan Indien** : c'est l'**Indo-Chine** ou la **presqu'île orientale de l'Inde,** qui s'étend du N. au S., dans la partie la plus méridionale de l'Asie, entre la mer de Chine, le golfe du Bengale et le détroit de Malaka, dans les bassins du Mè-kong, du Mè-nam, du Salouen, de l'Iraouaddy et du Brahmapoutre. Elle est partagée entre plusieurs nations.

Les *Anglais* en ont une partie. Les principaux territoires britanniques de l'Indo-Chine se trouvent dans l'O. de la presqu'île ; ce sont : l'**Assam** et la **Birmanie** anglaise, qui a été conquise récemment sur les Birmans, et où se trouvent le port célèbre de **Rangoun,** vers l'embouchure de l'Iraouaddy, et les villes de **Moulmein** et de **Pégou.** — Dans la presqu'île de **Malaka,** les Anglais ont la ville de ce nom. A l'O. de la presqu'île, ils possèdent l'île du *Prince de Galles* ou **Poulo-Pinang,** avec la ville de *Georgetown.* A l'extrémité méridionale de la même presqu'île, ils occupent la petite île de **Singapour,** possession très importante par sa position intermédiaire entre l'Inde, la Chine et l'Océanie. Il s'y trouve une ville du même nom.

L'empire **Birman** ou la *Birmanie* (ou mieux encore *Barmanie*) a été un puissant État, que les conquêtes des Anglais ont beaucoup diminué; la capitale est **Mandalé**; *Ava* et *Amarapoura* ont été tour à tour capitales.

On distingue, au milieu de l'Indo-Chine, le royaume de **Siam**, dont la capitale est **Bangkok** (environ 500 000 hab.), à l'embouchure du Mè-nam; l'ancienne capitale, *Siam* ou *Youthia*, est aujourd'hui ruinée. Outre le Siam proprement dit, ce royaume comprend le nord de la presqu'île de *Malaka*, le **Cambodge** *occidental* et une partie du pays des *Lao*, peuple répandu aussi dans la Birmanie et l'empire d'An-nam.

L'empire d'**An-nam** (comprenant le **Tonkin** et une grande partie de la **Cochinchine** et du pays des **Lao**) a pour capitale **Hué** (100 000 hab.). Autre ville principale : *Ké-cho* ou *Ha-noï*.

Les Français ont la **Basse-Cochinchine**, située vers les embouchures du Mè-kong et du Dou-naï; le chef-lieu de cette colonie est **Saïgon**. Les autres villes principales sont *Cho-len* (qui est comme une annexe de Saï-gon), *Bienhoa, Mi-tho*. Le groupe d'îles de *Poulo-Condor* dépend aussi de la France.

Le royaume de **Cambodge**, au N. de la Cochinchine française, a pour capitale *Penompeng*. Il reconnaît la suzeraineté de la France. — Une partie de l'ancien Cambodge appartient au *Siam* et renferme les magnifiques ruines d'**Angkor**.

Il y a de petits États malais dans le S. de la presqu'île de *Malaka*.

Les îles *Andaman* et *Nicobar* sont à l'O. de cette presqu'île, dans le golfe du Bengale. Les Anglais les possèdent.

L'Indo-Chine renferme de 30 à 40 millions d'habitants.

Parmi les pays qui appartiennent **entièrement au versant de l'océan Indien**, le principal est l'**Hindoustan** ou la **presqu'île occidentale de l'Inde**, qu'on appelle aussi simplement l'INDE. Ce pays s'étend entre le golfe du Bengale et la mer d'Oman, au S. des monts Himalaya, et s'allonge en pointe vers le S., où le cap Comorin en forme l'extrémité. C'est une région très riche et très peuplée, siège d'une fort ancienne civilisation, et dont beaucoup de nations et de conquérants se sont disputé la possession. L'Hindoustan se partage en deux grandes divisions : l'**Hindoustan propre**, au N.. et le **Dékhan**, au S. Il renferme 240 millions d'habitants. Les Anglais en ont la plus grande partie.

La *colonie anglaise de l'Inde* est la plus considérable et la plus remarquable de toutes les colonies qui aient jamais été fondées. Elle s'étend à la fois dans l'Hindoustan et dans l'Indo-Chine ; mais c'est dans l'Hindoustan surtout qu'elle a acquis des proportions gigantesques : là les Anglais ont sous leur domination, environ 190 millions d'habitants, et, comme vassaux, 46 millions.

Ils ont immédiatement : 1° dans l'Hindoustan propre et en remontant d'abord la vallée du Gange, les provinces du *Bengale*, de *Bénarès*, d'*Allah-abad*, d'*Agra*, d'*Aoude*, de *Dehly* ; ensuite, en descendant la vallée de l'Indus, les pays de *Pendjab* et de *Sindhi* ; — 2° dans le Dékhan, en suivant la côte du golfe du Bengale, les provinces d'*Oryça*, des *Serkars du nord*, de *Karnatic* (dont la côte se nomme *Coromandel*) ; — en longeant la mer d'Oman, les provinces de *Konkan*, de *Kanara*, de *Malabar* ; — et, loin de la mer, la province de *Pouna* et la division connue sous le nom de *Provinces Centrales*. — Une province maritime, à l'O., est à la fois dans l'Hindoustan propre et dans le Dékhan : c'est le *Goudjérate*.

Une autre partie de l'Inde est sous la protection des Anglais ou leur paye un tribut : dans cette catégorie, se trouvent, au N., les *Radjepouts*, l'État de *Sindhyah* et l'État de *Cachemire*, qui est un débris du puissant État des Seykhs, et dont dépend le *Ladak* ou *Petit Tibet*; — au milieu, les États tributaires sont ceux de plusieurs princes de la nation des *Mahrattes* et l'État de *Nizam*; — au S., l'État de *Maissour* et celui de *Travancore*.

Il n'y a plus qu'un État hindou tout à fait indépendant : c'est le *Népal*, dans le N., sur le flanc des monts Himalaya.

Les villes les plus remarquables des possessions immédiates des Anglais sont :

1º Dans le bassin du Gange : **Calcutta** (800 000 hab.), grande et magnifique ville, capitale du Bengale et des possessions anglaises en Asie, sur l'Hougly, bras du Gange; *Patna*, sur le Gange; **Bénarès** (180 000 hab.), la ville la plus savante des Hindous, sur le même fleuve; **Allah-abad** (140 000 hab.), avec un temple fameux, aussi sur le Gange; **Lakhnô**, capitale de l'ancien État d'Aoude; **Agra**; **Dehly** (160 000 hab.), ancienne capitale de l'empire de l'Inde et longtemps la résidence d'un prince qui avait le titre de Grand-Mogol.

2º Dans le bassin de l'Indus : **Lahore**, ancienne capitale des Seykhs, au milieu du riche pays de Pendjab; *Amretseyr*, métropole religieuse des Seykhs; *Moultan*, sur l'Indus; **Haïder-abad**, capitale du Sindhi, sur l'Indús.

3º Sur la côte orientale du Dékhan : *Kétek;* **Gangam**, **Madapolam** et **Mazulipatam**, connues par leurs étoffes de coton; **Madras** (400 000 hab.), siège d'un immense commerce.

4º Sur la côte occidentale de la presqu'île : **Surate**, fameuse par son commerce, sur le Tapty; **Bombay** (650 000 hab.), située sur une petite île, et l'une des places les plus importantes de l'Asie; *Calicut*, *Cochin*, dans le Malabar.

5º Dans l'intérieur : **Nagpour**, *Beydjapour* ou *Visiapour*, *Pouna*, *Séringapatam*.

Dans les États tributaires ou alliés-protégés des Anglais, on remarque : au N., *Goualior* et *Oudjein*, dans l'État de

Bénarès. — Vue prise des bords du Gange.

Sindhyah, **Cachemire** (ou plutôt *Kachmyr*) ou *Sirinagar*, célèbre par ses châles, dans la belle vallée du même nom ; — à l'O., *Cambay*, au fond du golfe du même nom ; — au centre, **Haïder-abad**, capitale de l'État du Nizam, et *Golconde*, fameuse par son dépôt de diamants.

Catmandou est la capitale du Népâl.

La France a, dans l'Hindoustan, **Pondichéry** (50 000 h.), chef-lieu de ses établissements dans ce pays, et située sur la côte de Coromandel ; *Karikal*, sur la même côte, *Chandernagor* (30 000 hab.), dans le Bengale ; *Mahé*, sur la côte de Malabar ; *Yanaon*, dans les Serkars. — Les Portugais, autrefois très puissants dans l'Inde, ont conservé principalement le territoire de **Goa**.

Près et au S.-E. de l'Hindoustan, est la belle île de **Ceylan**, qui appartient à l'Angleterre ; on y remarque le *Pic d'Adam*, objet de la vénération de nombreux pèlerins, qui viennent y adorer l'empreinte gigantesque et supposée d'un pied (les uns disent d'Adam, les autres de Bouddha). On y voit aussi la ville de *Colombo*, capitale de l'île ; *Candy*, ancienne capitale ; *Trinquemale* et **Pointe-de-Gale**, ports de mer.

Les **Laquedives** et les **Maldives**, au S.-O. de l'Hindoustan, sont deux archipels, composés de beaucoup de petites îles environnées de récifs : les premières reconnaissent la suprématie des Anglais, et les dernières sont indépendantes.

A l'O. de l'Hindoustan, est le **Béloutchistan**, qui s'allonge de l'E. à l'O., le long de la côte N. de la mer d'Oman ; il est aussi vassal des Anglais, et a pour capitale **Kélat**. Ce pays comprend à peu près 500 000 habitants.

Enfin, la dernière contrée de l'Asie est l'**Arabie**, située à l'extrémité S.-O. de cette partie du monde, entre la mer Rouge, le golfe Persique et la mer d'Oman. Elle offre un mélange d'affreux déserts et de cantons fertiles. Le S.-O.

produit du café excellent. Les chevaux et les chameaux de ce pays sont renommés.

L'Arabie est partagée en plusieurs États : les principaux sont ceux du sultan d'*Yémen* et du chérif de *La Mecque*, qui reconnaissaient la suzeraineté ottomane ; — l'État du sultan de *Mascate*, qui étend sa domination non seulement sur le S.-E. de l'Arabie, mais sur une partie du S. de la Perse ; — l'État du roi des *Ouahabites*, dans l'intérieur de la presqu'île.

Les villes principales sont **La Mecque**, patrie de Mahomet et considérée par les musulmans comme la plus sainte de toutes les villes ; **Médine**, ville sainte aussi aux yeux des mahométans et célèbre par la mosquée qui contient le tombeau de Mahomet ; *Sana*, capitale de l'Yémen ; **Moka**, qui a été le principal entrepôt du commerce de café de l'Yémen ; **Aden**, qui l'est aujourd'hui et qui appartient aux Anglais ; **Mascate**, capitale de l'État du même nom et port commerçant ; *Riadh*, capitale du royaume des Ouahabites.

L'Arabie renferme environ 12 millions d'habitants.

L'intelligente nation des Arabes, si puissante au moyen âge, s'est répandue dans un grand nombre d'autres régions.

Outre l'importante place d'**Aden**, les Anglais ont, sur la côte de cette contrée, l'île de *Périm*, qui est à l'entrée de la mer Rouge, dans le détroit de Bab-el-Mandeb, et celle de *Camaran*, dans l'intérieur de la mer Rouge.

HABITANTS, LANGUES ET RELIGIONS DE L'ASIE

Habitants et langues de l'Asie. — La population de l'Asie s'élève à environs 800 millions d'habitants. Elle appartient à la race blanche ou caucasique dans la moitié occidentale et dans quelques parties du N. ; elle est de la race jaune ou mongolique dans la moitié orientale et chez un grand nombre de peuplades boréales.

Parmi les peuples de la première race, il en est qui semblent s'en éloigner par leur couleur très brune, mais qui par les traits de leur visage et par leur conformation générale, se rapportent aux nations blanches. Tels sont les *Hindous proprement dits* ou *Hindous Aryas*, qui ont avec les nations de l'Europe des rapports remarquables de conformation et de langue. Les autres peuples de cette race sont les *Persans* ou *Tadjiks*, les *Afghans* ou *Patans*, les *Géorgiens*, les *Arméniens*, les *Grecs*, les *Turcs*, les *Kurdes*, les *Turcomans*, les *Ouzbeks*, les *Arabes*, les *Druzes*, les *Maronites*, les *Béloutchis*, les *Ostiaks* et quelques autres populations sibériennes d'origine *finnoise*. Il y a, dans la Transcaucasie et la Sibérie, des *Russes* et des *Cosaques*, dans l'Inde, il se trouve un assez grand nombre d'*Anglais* et de *Portugais noirs* (ceux-ci descendent d'un mélange de Portugais et d'Hindous).

A la race jaune appartiennent les *Mongols* (dont font partie les *Kalmouks*), les *Mandchoux*, les *Chinois*, les *Tibétains*, les *Japonais*, les *Coréens* et divers petits peuples de la Sibérie, tels que les *Bachkirs*, les *Toungouses*, les *Iakoutes*, les *Samoïèdes*. Les *aborigènes primitifs de l'Hindoustan*, aujourd'hui refoulés dans le Dékhan, appartiennent aussi probablement à la race mongolique.

On comprend, sous le nom assez vague de *Tatares* (improprement *Tartares*), des peuples répandus dans les régions du centre, de l'O. et du N., et formés d'un mélange de Turcs et de Mongols; tels sont les *Kirghiz*, population nomade.

Les *Indo-Chinois* tiennent à la fois à la race blanche et à la race jaune; les *Birmans*, les *Siamois* et les *Cambodgiens* se rapprochent de la famille hindoue; les *Cochinchinois*, les *Tonkinois* et quelques autres se rapprochent de la famille chinoise et font partie de la race jaune.

On trouve dans l'Indo-Chine, surtout au sud, des populations *malaises*; et il y a dans les iles Andaman une population rappelant les *nègres*.

On ne sait exactement à quelle race rattacher certains peuples des régions orientales, comme les *Aïnos*, dans l'ile Yéso et dans les Kouriles; les *Lao*, dans l'Indo-Chine. Diverses particularités de leurs traits feraient penser que ce sont des rameaux écartés de la race caucasique. Les Japonais eux-mêmes se rapprochent, sous plusieurs rapports, autant de cette race que de la race mongolique.

L'Asie a vu sortir de son sein les nations qui ont peuplé ou conquis tout l'Ancien continent, et probablement le globe entier. Elle fut le berceau des sciences, des arts et des idées religieuses qui se sont répandus dans l'Occident et y ont enfanté une si brillante civilisation ; mais elle-même est restée stationnaire dans plusieurs de ses contrées, et dans d'autres elle a rétrogradé : car les pays asiatiques occidentaux, d'où l'Europe a tiré ses lumières, sont aujourd'hui peu policés, et la Chine, l'Inde, où une foule d'inventions curieuses ont pris naissance, n'offrent pas de progrès dans leur civilisation ; ces contrées restent ce qu'elles étaient il y a plusieurs siècles. Cependant le Japon, avancé depuis longtemps dans la culture des sciences et de l'industrie, ne néglige pas les nouveaux progrès que lui fournissent les rapports avec l'Europe.

Les langues de l'Asie sont l'arabe, l'arménien, le géorgien, le turc, le persan, le sanscrit (langue savante et sacrée de l'Inde, qui n'est plus parlée aujourd'hui), le pali (langue sacrée de l'Indo-Chine), l'hindoustani, le chinois, le japonais, le tibétain, le birman, le siamois, le cambodgien, l'annamite, le mandchou, le mongol, le malais.

Religions. — La religion *mahométane* ou *musulmane*, née en Arabie, domine dans les parties occidentales, et s'étend jusque vers le centre et vers les extrémités méridionales. Elle se divise en deux sectes rivales : la secte d'Ali ou le *chiisme*, qui domine en Perse, et la secte d'Omar ou le *sunnisme*, qui règne surtout en Turquie.

Cette partie du monde fut aussi le berceau du *christianisme* et du *judaïsme*. Les chrétiens ne sont un peu nombreux que dans la Turquie d'Asie, le voisinage du Caucase, la Sibérie, l'Hindoustan ; des missionnaires propagent activement la religion chrétienne dans la Chine et l'Indo-Chine.

Le *brahmanisme* ou *brahmisme*, religion païenne, domine dans l'Hindoustan ; le *bouddhisme* est répandu surtout dans l'empire Chinois, dans l'Indo-Chine et au Japon. Suivant la croyance de la plupart des bouddhistes, la divinité supérieure subsiste dans la personne du Grand Lama, souverain du Tibet. Le *chamanisme*, qui descend à l'adoration des esprits malveillants, se rattache au bouddhisme ; il est répandu dans le N. Il y a, dans la Perse et l'Inde, un grand nombre de *parsis* ou *guèbres*, adorateurs du feu. Les *sabéens* ou adorateurs des astres, autrefois nombreux dans l'O., ont presque disparu.

OCÉANIE

DESCRIPTION GÉNÉRALE

Situation et grandes divisions. — L'Océanie n'a reçu son nom et n'est décrite comme une partie du monde séparée que depuis le commencement de ce siècle. Auparavant, on rattachait à l'Asie les terres dont elle se compose. On l'appelle aussi *Monde maritime*.

Elle est située au S.-E. de l'Asie et à l'O. de l'Amérique, et comprend le continent de l'*Australie* et une infinité d'îles. Ces îles sont répandues dans le Grand Océan, ou entre cet

Océan et l'océan Indien : le premier, en pénétrant dans les terres occidentales de cette partie du monde, y forme les mers de *Chine*, de *Java*, des *Moluques*, de *Célèbes* et de *Mindoro*.

L'Océanie occupe l'immense espace compris depuis le 34e degré de latitude N. jusqu'à une limite inconnue dans la latitude S., et depuis le 90e degré de longitude E. jusqu'au 111e de longitude O. ; mais la superficie des *terres* qu'elle contient surpasse peu celle de l'Europe : elle a 10 850 000 kil. carrés.

On peut partager l'Océanie en quatre divisions : la *Malaisie*, à l'O.; la *Mélanésie*, au S.-O.; la *Micronésie*, au N.; la *Polynésie*, à l'E.

Aspect général. Climat et productions. — L'Océanie est remarquable par ses aspects enchanteurs et sa superbe végétation; quoiqu'elle soit, en grande partie, située dans la zone torride, la température y est assez douce et assez agréable, à cause des brises salubres de la mer, qui viennent constamment y rafraîchir les îles. Les parties méridionales (le sud de l'Australie, la Tasmanie, la Nouvelle-Zélande) sont dans la zone tempérée australe, et ont une température assez semblable à celle de l'Europe méridionale, mais les saisons y arrivent à des époques opposées à celles de notre climat. Les volcans sont nombreux et redoutables dans la Malaisie et la Polynésie.

On rencontre dans toute l'Océanie un grand nombre d'îles et de récifs formés de coraux.

On trouve, dans la Malaisie de l'or, du fer, du cuivre, de l'étain, des diamants. L'Australie est, avec la Californie, la contrée qui a les plus riches mines d'or connues.

La Malaisie produit abondamment le riz, le maïs, la canne à sucre, le sorgho, le camphre, la cannelle, le poivre, le café, la muscade, les clous de girofle, le bois odorant de sandal, les orangers, les mangoustans, qui donnent des fruits délicieux.

Les végétaux indigènes de l'Australie sont peu propres à la nourriture de l'homme; mais il y a plusieurs beaux arbres, tels que les eucalyptus. Les céréales européennes et les pommes de terre y réussissent.

Le cocotier, l'arbre à pain, le bananier, l'igname croissent en abondance dans l'Océanie; et vers le S. de la Polynésie se trouve le précieux phormium.

On rencontre dans la Malaisie les mêmes quadrupèdes que dans le S. de l'Asie : l'éléphant, le rhinocéros, l'hippopotame, le tigre, le buffle, etc. Les animaux de l'Australie se distinguent par leurs formes bizarres et leurs habitudes singulières, et ne sont, la plupart, d'aucune utilité pour l'homme : tels sont le kangurou, l'échidné, l'ornithorhynque, le phalanger volant. Les animaux de l'Europe, particulièrement les bœufs, les moutons et les chevaux y réussissent parfaitement.

Parmi les oiseaux de l'Océanie, on distingue le casoar, la lyre, le kakatoës, perroquet remarquable par sa belle couleur blanche et par la jolie huppe dont sa tête est surmontée; les oiseaux de paradis ou paradisiers, admirables par la richesse de leur plumage; l'hirondelle salangane, dont on mange les nids; les cygnes noirs, dans l'Australie.

Les principaux reptiles sont les crocodiles, le boa, le serpent fil, le serpent noir ou acanthophis bourreau, le tropinotus, curieux par la variété et l'éclat des couleurs.

MALAISIE

La Malaisie s'appelle aussi *archipel Indien* ou *archipel Asiatique*.

A l'O. et au S., on y trouve l'**archipel de la Sonde,** qui forme une longue chaîne dirigée d'abord du N.-O. au

S.-E., puis de l'O. à l'E., et qui semble être la continuation de la presqu'île de Malaka. Les principales sont *Sumatra*, l'archipel de *Rio*, *Banca*, *Billiton*, *Java*, *Madura*, *Bali*, *Lombok*, *Sumbava*, *Florès*, *Sumba*, *Timor* et *Timorlaout*. **Les Hollandais le possèdent en grande partie.**

Sumatra, la plus grande des îles de la Sonde, s'étend du N.-O. au S.-E. Les côtes en sont généralement basses et marécageuses, et la mer qui les borde est couverte d'îles et de bancs de sable. Elle est traversée dans toute sa longueur par une haute chaîne de montagnes, qui renferme plusieurs volcans en activité. Quoique située sous l'équateur, elle jouit d'un climat très tempéré. Le sol est en grande partie couvert de forêts impénétrables. On cultive le riz, le cocotier, le bétel, le sagoutier, une grande variété de palmiers, et le poivre. Il y a beaucoup d'ébéniers, de caféiers, de camphriers.

Les Hollandais possèdent la plus grande étendue de la côte occidentale, où leur chef-lieu est *Padang*, importante place de commerce. Leur établissement de *Bencoulen* est sur la même côte. Ils dominent aussi sur le royaume de *Palembang*, situé au S.-E., et dont la capitale est la ville de même nom.

La portion indépendante est partagée entre divers États, parmi lesquels on distingue le royaume d'*Achem*, qui comprend la partie septentrionale de l'île, et la confédération des *Battahs*, peuple féroce et anthropophage.

Les peuples de Sumatra sont presque tous d'origine malaise, et forment une population de 2 à 3 millions d'habitants.

Dans l'archipel de *Rio*, on distingue l'importante ville de même nom. — *Banca* est très riche en étain et en beaux bois. — *Billiton* a beaucoup de riz, des bois odorants et des mines de fer. Toutes ces îles, placées à l'E. de Sumatra, appartiennent aux Hollandais.

La belle île de **Java** est située au S.-E. de Sumatra, dont elle est séparée par le détroit de la Sonde. Une chaîne volcanique la traverse de l'E. à l'O. : plusieurs montagnes de cette chaîne sont des volcans actifs. Le tek y forme de grandes forêts; le cocotier, le sagoutier, espèce de palmier, qui fournit une moelle précieuse, les bananiers, l'ananas, la goyave, le jaquier ou arbre à pain, le riz, l'indigo, le ricin, le maïs, la canne à sucre, le sorgho jaune, le café y abondent.

La ville principale de Java est **Batavia**, capitale de l'Océanie hollandaise, sur la côte septentrionale de l'île; elle a un vaste port et 270 000 habitants.

On y remarque encore *Bantam*, *Chéribon*, *Samarang*, *Sourabaya*, toutes sur la côte septentrionale; *Sourakarta* et *Djokjakarta*, dans le S.-E.

Java appartient tout entière à la Hollande. Sa population s'élève à environ 18 000 000 d'habitants.

Madura, située au N.-E. de Java, est une île extrêmement fertile et bien peuplée, qui dépend des Hollandais.

Bali, *Lombock*, riches en bois de sapan; — *Sumbava* ou *Byma*, qui renferme des mines d'or, de fer et de cuivre; — *Florès* ou *Endé*, fertile en cocotiers et en cannelle; — *Sumba* ou *Sandal-Bosch*, c'est-à-dire *l'île du bois de sandal*, au S. de Florès, forment une chaîne d'îles à l'E. de Java et appartiennent en partie aux Hollandais, en partie à des princes tributaires de cette nation.

Timor s'étend du S.-O. au N.-E. Elle est remplie de superbes forêts peuplées de bambous, d'arbres à pain, d'orangers, de pamplemousses, de cocotiers et de mangoustans. Cette île est partagée entre les Portugais et les Hollandais.

Au N.-E. de Timor, se trouve la belle île de *Timorlaout*, aux Hollandais.

Bornéo, que les indigènes appellent *Kalémantan*, est divisée par l'équateur en deux parties presque égales. C'est la plus grande île de la Malaisie. Une chaîne de montagnes la traverse du S. au N. Les tremblements de terre y sont fré-

Iles Célèbes. — Habitations à Macassar.

quents, et il y a plusieurs volcans. Le climat est plus tempéré que ne pourrait le faire supposer la position équinoxiale de l'île. Les parties voisines de la côte, les seules bien connues des Européens, sont marécageuses et malsaines. Il y a des mines d'or, de fer, de cuivre, d'étain et de diamants.

L'île est partagée entre les Hollandais et un grand nombre d'États. Les premiers ont les parties occidentales et méridionales. Ils possèdent, à l'O., les territoires et les villes de *Sambas* et de *Pontianak;* — au S., le *Bandiermassin*, etc.

Les Anglais exercent leur influence sur le royaume de *Sarawak*, un des pays de la côte occidentale, et se sont installés dans la partie nord.

Le plus important des États indépendants est, au N.-O., le royaume de *Bornéo*, dont la capitale est *Brouni* ou *Bornéo*.

La population de l'île est de 3 à 4 millions d'habitants. Des Malais, des Chinois et d'autres peuples commerçants sont établis sur les côtes. Dans l'intérieur, on remarque des populations sauvages, qui se nomment généralement *Dayaks*, et qui paraissent appartenir à un type se rapprochant de la race nègre.

Au N.-O. de Bornéo, on remarque l'île de *Labouan*, qui dépend des Anglais; au N.-E., sont les îles *Soulou*, habitées par des pirates, et dont une partie est aux Espagnols.

Célèbes est à l'E. de Bornéo, dont la sépare le détroit de Macassar. Elle est remarquable par sa figure irrégulière, et se compose de plusieurs longues presqu'îles. Le riz, le coton, le camphre, les bois de sandal et de calambac, sont les principales productions de cette belle île. Il y a des mines d'or au N. Célèbes a quelques États indépendants. Mais la plus grande partie est soumise aux Hollandais. *Macassar* ou *Vlaardingen*, au S.-O., et *Menado*, au N.-E., sont leurs principales villes.

Les *Boughis* forment une grande partie de la population de Célèbes évaluée à 500 000 habitants.

Les îles **Moluques**, appelées aussi *îles aux Épices*, dépendent presque toutes des Hollandais. Leurs productions les plus précieuses sont des épices : le giroflier et le muscadier y croissent en quantité Elles comprennent : les *Petites Moluques* ou *Moluques proprement dites*, et les *Grandes Moluques*.

Les premières sont au nombre de cinq : *Ternate*, la plus importante, *Tidor*, *Makian*, *Motir* ou *Mortir*, et *Batchian*.

Les Grandes Moluques sont beaucoup plus nombreuses. Les principales sont : **Gilolo** ou *Halamahéra*, île considérable, d'une forme très irrégulière ; — **Céram**, couverte de montagnes élevées, riche en sagou et remarquable par ses aspects enchanteurs ;—**Amboine**, où abondent les girofliers, et dont la capitale est une jolie ville de même nom, chef-lieu du gouvernement hollandais des Moluques ; — les îles *Banda*, toutes volcaniques, et célèbres par la culture du muscadier.

Les îles **Philippines** forment la partie la plus septentrionale de la Malaisie. Elles sont belles et fertiles. La principale culture est celle du riz et du tabac. On y trouve le cotonnier, l'ananas, le gingembre, le cassier, plusieurs espèces de bananiers, et le manguier. La majeure portion de cet archipel est à l'Espagne.

Luçon, la plus grande et la plus importante des Philippines, renferme beaucoup de volcans et a un sol très riche.

Manille, sur la côte occidentale de Luçon, est la capitale de l'île et le chef-lieu des établissements espagnols dans les Philippines. On y compte 160 000 habitants. Elle est admirablement située entre la mer et le beau lac Bay.

Mindanao ou *Magindanao*, la seconde et la plus méridionale des Philippines, est remarquable par sa fertilité.

Parmi les autres Philippines, on distingue : *Zébu*, qui renferme une importante ville du même nom ; **Mindoro**, connue par ses abondantes mines de soufre. Elles sont l'une et l'autre soumises aux Espagnols. — A l'O., est l'île de *Paragoa* ou *Palaouan*, qui est en partie aux Espagnols, en partie indépendante.

Les Philippines ont 5 millions d'habitants, la plupart Malais et Tagalos, et parmi lesquels on compte aussi beaucoup de Chinois et d'Espagnols. Les possesseurs primitifs du pays vivent dans les montagnes, au fond des plus épaisses forêts. Ils ont le teint noir, et sont connus sous le nom de *Negritos*.

En résumé, les HOLLANDAIS sont les plus puissants dans la Malaisie : leurs possessions y comptent environ 25 millions d'habitants; ils dominent sur toute l'île de Java, où se trouve *Batavia*, capitale de leurs colonies océaniennes; ils ont des établissements à Sumatra et dans presque toutes les autres îles de la Sonde, ainsi qu'à Bornéo, à Célèbes, et aux Moluques, où se trouve l'importante ville d'*Amboine*.

Les ESPAGNOLS possèdent une grande partie des Philippines.

Les PORTUGAIS possèdent une partie de Timor.

Les ANGLAIS ont la petite île de *Labouan*, au N.-O. de Bornéo; le royaume de *Sarawak*, sur la côte O. de cette île, est soumis à leur influence. Ils possèdent les petites îles *Keeling* ou des *Cocos*, au S.-O. de Java et de Sumatra.

Les MALAIS sont un peuple indigène, répandu dans toute la Malaisie, principalement sur les côtes, où ils font un commerce actif; ils forment des États indépendants assez nombreux dans plusieurs parties de Sumatra, de Bornéo, de Célèbes, de Lombok, de Sumbava, de Florès, de Sumba; — dans quelques-unes des Moluques; — à Palaouan (dans les Philippines); — ils ont tout l'archipel Soulou. Ils se distinguent par leur intelligence, leur habileté dans la navigation, mais aussi par leur piraterie et leurs usages cruels.

L'intérieur de Bornéo et de quelques autres grandes îles

a encore un certain nombre d'*aborigènes noirs*, habitants
plus anciens que les Malais, et refoulés par ceux-ci dans les
montagnes et les forêts : tels sont les *Dayaks* de Bornéo.

MÉLANÉSIE

La Mélanésie a pour terre principale l'**Australie** ou
Nouvelle-Hollande, grande contrée qui s'étend de l'E.
à l'O. l'espace de 4500 kilomètres, sur 2000 kilomètres,
du N. au S. Elle fut probablement découverte par les Portugais au seizième siècle ; mais les premiers renseignements
certains sur cette terre furent donnés par les Hollandais,
au commencement du dix-septième siècle. L'intérieur n'est
pas encore bien connu, quoique des voyageurs (Burke, Mac
Douall Stuart, etc.) aient traversé ce continent dans sa largeur plusieurs fois depuis 1860, et qu'on ait même posé un
fil télégraphique dans toute cette largeur, de *Port Darwin*
à *Port Augusta*.

On remarque sur la côte septentrionale le golfe de *Car-
pentarie;* le cap *York* termine l'Australie au N., et le cap
Wilson au S. ; la côte méridionale offre les golfes de *Spencer* et de *Saint-Vincent*.

MONTAGNES, FLEUVES, LACS, CLIMAT, PRODUCTIONS.

Les montagnes de l'Australie sont moins élevées que celles
des autres continents. Une chaîne de hauteurs qui ne semblent sur aucun point atteindre l'altitude de nos Alpes court
à peu de distance du littoral, envoyant à droite et à gauche
des ramifications. La chaîne principale s'étend le long de
la côte orientale ; on y distingue les *Alpes australiennes,*
les montagnes *Bleues* de la chaîne de *Liverpool*. Le mont
Hottram (2300 mètres), dans les montagnes Bleues, en paraît être le plus haut sommet. Bien que d'une élévation mé-
diocre, cette espèce de cordillère n'en est pas moins pitto-

resque, souvent grandiose. Lorsqu'on l'aperçoit du rivage, on dirait qu'elle s'élève graduellement en pentes douces, — mais en se rapprochant, l'on reconnaît un véritable chaos d'abîmes, de crevasses, de roches abruptes. Quelques sommets sont couverts de neiges éternelles.

Ainsi, la plupart des montagnes du continent australien semblent se relier au vaste bourrelet qui suit le littoral ; — le soulèvement n'a pas dû s'opérer, comme en Europe, de la région moyenne aux extrémités. L'Australie, au centre de laquelle s'étend un immense plateau ayant sans doute longtemps servi de lit à quelque mer intérieure, a émergé de l'Océan en dessinant d'abord le vaste cercle qui aujourd'hui forme le principal relief du pays.

Les principaux cours d'eau sont le *Murray* qui a dans le *Darling* un affluent considérable. Sur la côte N.-O. débouche la *Victoria*. C'est au N. du golfe Spencer que paraissent se trouver les plus grands lacs : ceux de *Torrens*, de *Gairdner* et d'*Eyre*.

L'Australie renferme de grandes richesses *minières*, principalement de l'or ; — c'est le pays qui, dans les temps modernes, en a le plus donné.

Le climat de l'Australie est généralement salubre et tempéré. L'hiver, qui a lieu en juin, juillet et août, est marqué par de violentes tempêtes ; cependant il se passe quelquefois sans pluie dans plusieurs parties du pays, et la sécheresse est un des inconvénients du climat australien. Les variations de l'atmosphère sont très subites en novembre, décembre et janvier, c'est-à-dire pendant l'été.

Le sol de cette contrée produit, naturellement, très peu de substances alimentaires ; mais les Anglais y ont établi dans le N. des cultures d'indigo, de café, de canne à sucre ; et les fruits d'Europe, nos céréales, la vigne, réussissent bien dans le S. Les arbres indigènes les plus remarquables sont les eucalyptus ou gommiers. Des forêts de hautes her-

Sydney. — Vue générale.

bes et d'arbrisseaux épineux occupent de grands espaces dans l'intérieur.

Les animaux de l'Australie diffèrent tout à fait, par leurs formes et leurs habitudes, de ceux des autres contrées. Le plus grand est le kangurou. Les animaux d'Europe se naturalisent bien ; les moutons donnent une laine superbe et sont très nombreux, ainsi que les chevaux et les bœufs.

PARTIE POLITIQUE. — L'Australie appartient aux Anglais, qui l'ont partagée en six parties : 1° à l'E., la *Nouvelle-Galles méridionale*, qui fut la première colonisée ; — 2° au S.-E., la province de *Victoria*, qui a pris en peu de temps un développement prodigieux, par suite des abondantes mines d'or qu'on y a découvertes ; — 3° au N.-E., le *Queensland* ; — 4° l'*Australie du Sud* ; — 5° l'*Australie du Nord*, qui dépend momentanément de l'Australie du Sud ; — 6° l'*Australie de l'Ouest*.

La NOUVELLE-GALLES MÉRIDIONALE fut d'abord destinée à servir d'exil aux condamnés de la mère patrie. La population de la colonie est aujourd'hui de 600 000 habitants.

Sydney, la capitale, est une ville de 190 000 âmes, agréablement située sur le bord méridional du port *Jackson*, un des plus beaux du monde.

Au S. de Sydney, est la fameuse *Botany Bay* ou baie *Botanique*, le premier point où abordèrent les Anglais sous la conduite de Cook.

La province de VICTORIA, qui compte 850 000 habitants, et qui a dû son rapide accroissement à ses mines d'or, a pour chef-lieu la florissante ville maritime de **Melbourne,** sur le port Phillip, toute récente, mais déjà grande, fort belle et peuplée de plus de 260 000 habitants.

Geelong, autre ville maritime de cette province, est unie à Melbourne par un chemin de fer.

Le QUEENSLAND a pour chef-lieu *Brisbane.*

Adélaïde, chef-lieu de l'Australie du S., vers le golfe de Saint-Vincent, est une ville déjà importante.

Perth est la ville principale de l'Australie de l'O.

On remarque le bon port *Essington* sur la côte N.

La population coloniale de l'Australie s'élève à environ 3 millions d'habitants. Elle a fait faire à ce pays d'immenses progrès en tout genre : chemins de fer, télégraphie électrique, cultures, etc. Les peuplades indigènes sont disséminées par familles éparses. Elles ont le teint noir et sont comptées parmi les populations les plus sauvages du globe. Leur chiffre est peu élevé.

La **Tasmanie** ou **Terre de Diemen** est une île triangulaire située au S.-E. de l'Australie, dont elle est séparée par le détroit de *Bass*. Elle a été nommée *Tasmanie* en l'honneur de Tasman, navigateur hollandais, qui la découvrit en 1643 et l'appela lui-même Terre de Diemen, du nom du gouverneur de Batavia. C'est une florissante colonie anglaise, qui compte 100 000 h. Il n'y a plus d'indigènes. Le climat est très variable, mais salubre en général. On cultive du froment, de l'orge, et presque tous les légumes et tous les arbres fruitiers d'Europe. Le chef-lieu est *Hobart-town*.

La **Nouvelle-Guinée,** encore peu connue, est située au N. de l'Australie, dont elle est séparée par le détroit de Torrès, que ses écueils ont rendu l'effroi des navigateurs. On lui donna d'abord le nom d'île d'*Or*, qui fut bientôt changé en celui de *Nouvelle-Guinée*, à cause de la ressemblance de ses habitants avec les nègres de la Guinée, en Afrique. On l'appelle aussi Papouasie, des *Papous* ou *Papouas*, qui forment une partie importante de sa population. Elle a environ 2500 kilomètres du N.-O. au S.-E. C'est une des plus grandes îles du monde. Ses rivages offrent les sites les plus pittoresques. Ses superbes forêts sont remplies d'une multitude d'oiseaux, parmi lesquels on distingue les jolis oiseaux de paradis.

Les indigènes de l'intérieur de la Nouvelle-Guinée sont les *Arafouras* ou *Alfourous*; ils ont la peau d'un noir brun sale, les cheveux épais, longs et rudes, les yeux grands, la bouche extrêmement fendue. Leur aspect est repoussant, et on les accuse d'anthropophagie. Ils ont été refoulés dans l'intérieur par les *Papouas*, qui, noirs aussi, ont les traits assez réguliers et une volumineuse chevelure.

Les Hollandais ont pris possession de la partie occidentale.

On donne le nom de LOUISIADE à une terre peu connue, située au S.-E. de la Nouvelle-Guinée. On l'a considérée longtemps comme un archipel séparé; mais on a reconnu que la terre principale est une presqu'île qui tient à la Nouvelle-Guinée; plusieurs îles sont répandues autour.

L'archipel de la **Nouvelle-Bretagne** se trouve à l'E. de la Papouasie; il en est séparé par le détroit de *Dampier*, ainsi nommé en l'honneur du célèbre navigateur qui le découvrit en 1699. Il comprend la *Nouvelle-Bretagne* proprement dite, la *Nouvelle-Irlande*, le *Nouveau-Hanovre*, les îles de l'*Amirauté* et quelques autres îles moins considérables. Les indigènes sont remarquables par leur férocité.

L'archipel de **Salomon** s'étend du N.-O. au S.-E., à l'E. de la Nouvelle-Bretagne. Ces îles furent découvertes en 1567, par l'Espagnol Alvaro Mendaña, qui leur donna ce nom à cause de l'idée, peu exacte d'ailleurs, qu'il s'était faite de leur richesse (rappelant, trouvait-il, celle du roi Salomon). Les principales sont *San-Cristobal*, *Guadalcanar*, *Isabelle*. Des récifs et des bancs de corail en rendent l'approche très dangereuse.

L'archipel de **La Pérouse**, connu aussi sous les noms de *Santa-Cruz* et de la *Reine-Charlotte*, est au S.-E. de l'archipel Salomon, et se compose de l'île de *Santa-Cruz* ou *Egmont* et de quelques autres, parmi lesquelles on distingue *Vanikoro*. C'est sur les récifs de cette dernière qu'échouèrent en 1788 les deux vaisseaux du grand navigateur La Pérouse. On ne découvrit le lieu de ce naufrage qu'en 1827, et Dumont d'Urville y érigea, en 1828, un monument en mémoire de son illustre compatriote.

L'archipel des **Nouvelles-Hébrides**, du SAINT-ESPRIT ou des GRANDES-CYCLADES se compose d'un grand nombre d'îles fertiles, mais peu salubres, et habitées par des populations qui se livrent encore à l'anthropophagie. La principale est la *Terre du Saint-Esprit*.

L'archipel de la **Nouvelle-Calédonie**, au S. O. des Nouvelles-Hébrides, se compose : 1° de la *Nouvelle-Calédonie* proprement dite, île longue et étroite, montagneuse dans l'intérieur, et presque entièrement entourée de récifs madréporiques ; — 2° de l'île des *Pins* ou île *Kounié*, près et au S.-E. de la précédente ; — 3° des îles *Loyalty*, situées plus à l'E., et dont les principales sont *Ouréa*, *Lifou* et *Maré*. Les Français ont pris possession de cet archipel en 1853. Ils en ont fait un lieu de déportation. La population coloniale, avec les marins, les transportés compris, s'élève à 20 000 âmes.

La Nouvelle-Calédonie produit le bananier, l'arbre à pain, le sandal, le cocotier, le figuier, l'oranger, le gingembre, la canne à sucre, le café, l'igname, le maïs, le chou-palmiste, le taro (qui, par la grosseur et par la forme, ressemble assez à la pomme de terre). Il y a des mines de fer, d'or, de nickel et de houille. Les indigènes, au nombre de 50 000, sont des populations noires ou brunâtres, encore sauvages, et l'anthropophagie est répandue chez plusieurs de leurs peuplades. Le chef-lieu de cette île est **Nouméa** ou **Port-**

de-France, dans la partie méridionale, sur la côte ouest.

Assez loin au S.-E. de la Nouvelle-Calédonie, on trouve l'île NORFOLK, soumise aux Anglais.

Les îles **Viti** ou **Fidji**, l'archipel le plus oriental de la Mélanésie, ont été célèbres par le bois de sadnal qu'elles produisaient en abondance, mais dont les forêts sont aujourd'hui épuisées. Elles sont fertiles et belles ; le coton, la canne à sucre et autres précieuses productions peuvent y réussir. Les habitants sont de la race papoue, leur férocité, longtemps trop connue, a été adoucie par les missionnaires. Des Américains et des Européens s'y sont établis en assez grand nombre depuis quelques années. Les Anglais ont aujourd'hui ces îles.

En résumé, les ANGLAIS, les HOLLANDAIS et les FRANÇAIS sont les Européens qui ont des possessions dans la Mélanésie.

Les Anglais y ont l'Australie, la Tasmanie, les Viti et l'île Norfolk, qui est un dépôt de condamnés. Ils désignent sous le nom d'**Australasie** toutes les possessions du sud de l'Océanie, la Nouvelle-Zélande comprise.

Les Hollandais possèdent la partie O. de la Nouvelle-Guinée.

Les Français ont l'archipel de la Nouvelle-Calédonie et quelques îles voisines.

Les INDIGÈNES de la Mélanésie sont des NOIRS, la plupart fort abrutis et fort sauvages. Les *Papous* ou *Papouas,* une de leurs populations principales, se trouvent sur les côtes de la Nouvelle-Guinée. Mais l'intérieur de cette grande île est habité par les *Alfourous* ou *Arafouras,* plus sauvages que les Papous. C'est à ces deux races que paraissent appartenir les naturels de l'Australie et de la plupart des autres terres de la Mélanésie. Ils diffèrent des nègres de l'Afrique

par divers caractères, et particulièrement par un nez angu-
leux plutôt qu'épaté, et par des cheveux en brosse plutôt
que laineux.

MICRONÉSIE.

L'archipel **Magellan**, situé dans le N. de la Micronésie,
est généralement volcanique : le groupe *Monin-sima* ou
Bounin-sima, qui en fait partie, dépend du Japon.

Les îles **Palaos** forment le groupe le plus occidental de
toute la Micronésie. Le sol en est fertile. L'ébénier, le cocotier, l'arbre à pain et un grand nombre de bambous croissent dans les forêts. Les ignames et les noix de coco sont la
principale subsistance des naturels.

Les îles **Mariannes** forment une chaîne alignée du N.
au S., au N.-E. des îles Palaos. Elles furent découvertes en
1521 par Magellan, qui faisait alors le premier voyage autour du monde. Ce navigateur leur appliqua la dénomina-
tion d'*îles des Larrons*, parce que les indigènes lui parurent
être très enclins au vol, on les a nommées, depuis, îles
Mariannes, en l'honneur de Marie-Anne d'Autriche, femme
de Philippe IV, roi d'Espagne. Les Espagnols en sont les
maîtres.

Guam est la plus importante des Mariannes.

La plupart de ces îles ont un aspect triste et stérile. Cependant il y a des parties fertiles, qui produisent le cocotier, le jaquier, l'oranger, les pastèques, le cycas, dont la
moelle procure une excellente farine. Les Espagnols y ont
introduit le coton, l'indigo, le cacao, le riz, le maïs, la canne
à sucre.

Les îles **Carolines**, qui furent ainsi nommées en l'honneur de Charles II, roi d'Espagne, sont au nombre de 500,
et forment une chaîne très étendue, qui se prolonge de l'O.
à l'E., vers le milieu de la Micronésie. Elles ont un climat

tempéré, mais des ouragans terribles les dévastent quelquefois. Les cocotiers et les arbres à pain y sont communs, et produisent des fruits très gros et très savoureux.

On remarque, dans les Carolines, en se dirigeant de l'E. à l'O., la belle île *Oualan;* — le groupe d'*Hogolou*, situé vers le centre de l'archipel et remarquable par sa fertilité, mais aussi par sa population abrutie ; —l'île de *Lamoursek*, dont les habitants sont les plus policés de l'archipel; —*Yap*, la plus grande et la plus occidentale des Carolines.

Les Carolins, ont, en général, la physionomie douce et agréable ; leur maintien annonce un caractère fier et entreprenant. Ils déploient surtout leur habileté et leur adresse dans la contruction de leurs pirogues.

Les îles **Marshall** et **Gilbert** ont été ainsi nommées en l'honneur de deux capitaines qui les découvrirent en 1788.

L'archipel Marshall se compose de deux principales chaînes : la chaîne de *Ralick*, à l'O., et celle de *Radack*, à l'E.; de cette dernière fait partie le groupe des *Mulgrave*, ainsi nommé d'un navigateur anglais du dernier siècle.

L'archipel Gilbert est situé au S. de la chaîne de Radack.

L'arbre à pain, le cocotier et le bapier, dont le fruit ressemble à une pomme de pin, sont communs dans ces îles.

Les canots des insulaires dénotent une extrême adresse.

Les Espagnols sont les seuls Européens qui aient des possessions dans la Micronésie ; ils y ont les Mariannes, et le chef-lieu de leur gouvernement y est *Agagna*, dans l'île de Guam. Ils réclament aussi la possession des Carolines, mais ne s'y sont pas établis. — Les Japonais possèdent les îles *Monin-sima*, dans l'archipel Magellan.

Les indigènes de la Micronésie sont un mélange de Malais et de populations mongoliques. Les principaux sont les *Carolins*, dont l'État le plus important est celui de *Lamoursek*.

POLYNÉSIE

La Polynésie renferme, au N., les îles **Sandwich** ou **Havaïi**, qui forment, après la Nouvelle-Zélande, l'archipel polynésien le plus important. Elles sont en général montueuses et volcaniques. Le climat y est doux. Le sol, très fécond, se prête à une foule de cultures. Les plantes les plus communes sont le taro, dont la racine forme la principale nourriture des indigènes ; la patate douce, de très grosses cannes à sucre, des ignames, le tabac, le coton et le gingembre. On y récolte du café, de l'indigo, de l'arrow-root. Il y a des arbres à pain, des orangers, des citronniers, des tamariniers, des grenadiers, des bananiers, des cocotiers ; le ti, variété du dragonnier, fournit une boisson enivrante.

Havaïi, la plus considérable des îles Sandwich, est célèbre par la mort de Cook, qui y fut tué par les naturels en 1779. Elle est couverte de hauts volcans, qui l'ont ravagée par leurs éruptions. — *Oahou*, la plus fertile, la plus riche, la plus jolie, a été surnommée le *Jardin des Sandwich*, et renferme la ville d'*Honoloulou*, capitale du royaume d'Havaïi.

Les indigènes ou *Kanaks* sont généralement grands, bien faits et agiles. Leur physionomie est gracieuse et animée. D'un caractère doux et affable, extrêmement industrieux, ils sont disposés à recevoir tous les arts de la civilisation, dans lesquels ils ont déjà fait de grands progrès. Ils ont abandonné leurs anciennes coutumes barbares et ont été convertis au christianisme. Leur nombre ne s'élève plus qu'à environ 45 600 ; il était de 400 000 du temps de Cook.

Entre l'équateur et le tropique du Capricorne, la Polynésie renferme les îles *Samoa* ou des *Navigateurs*, les îles *Tonga* ou des *Amis*, les îles *Manaïa*, d'*Hervey* ou de *Cook*, les îles *Touboouaï*, les îles *Tahiti* ou de la *Société*, l'archipel *Touamotou* ou des *îles Basses*, les îles *Mendaña* ou *Marquises*.

Vers l'équateur sont plusieurs petites îles qui appartiennent aux États-Unis, et parmi lesquelles on remarque celles de *Phœnix* et d'*Union*.

Les îles **Samoa** furent découvertes, en 1758, par Bougainville, qui leur donna le nom d'îles des *Navigateurs*, à cause des nombreuses pirogues qu'avaient les naturels. Elles sont en général élevées et très fertiles. Les cocotiers, les goyaviers, les cannes à sucre et les bananiers y sont très communs. *Pola* ou *Sévaï* est la plus grande.

Les insulaires des îles Samoa ont une stature et une force peu communes ; ils construisent de charmants petits canots, qu'ils peuvent charger sur leurs épaules.

Les îles **Tonga** furent appelées par Cook îles des *Amis*, à cause de l'accueil qu'il reçut des naturels. Ces îles jouissent d'un doux climat. La plus grande et la plus peuplée est nommée *Tonga-tabou*, c'est-à-dire *Tonga sacrée*.

Les naturels des îles Tonga parurent d'abord accueillir amicalement les premiers navigateurs, qui ne tardèrent pas à les reconnaître réellement cruels, massacrant sans pitié leurs prisonniers et sacrifiant des victimes humaines. Leurs mœurs se sont fort adoucies sous l'influence de la religion chrétienne, à laquelle beaucoup d'entre eux se sont convertis. Ils sont supérieurs par leurs facultés à la plupart des insulaires voisins. Leur principale nourriture consiste en bananes, noix de coco, ignames, taro, fruit à pain, poisson et coquillages.

Les îles **Manaïa**, appelées aussi archipel d'*Hervey* ou de *Cook*, ont des habitants généralement assez civilisés.

Les îles **Toubouaï** forment un groupe assez important, au S.-E. des îles Manaïa. Deux d'entre elles appartiennent à la France depuis 1880.

Les îles de la **Société** furent ainsi nommées par Cook, en l'honneur de la Société royale de Londres. Elles portent aussi le nom de la plus grande île de l'archipel, **Tahiti,**

Iles Sandwich ou Havaïi. — Côte de Havaïi.

qui a mérité le titre de *reine de l'océan Pacifique.* Cette
île est couverte de montagnes, entre lesquelles s'ouvrent
de belles vallées. Presque tous les végétaux propres à
l'Océanie y viennent en abondance et de la meilleure qua-
lité : tels sont les bambous et le mûrier à papier, dont
l'écorce sert à faire des étoffes fines et moelleuses. La
canne à sucre et le café y réussissent. La France la possède.

Tahiti a pour capitale *Papeéte.* — L'île *Mooréa*, au N.-O.
de Tahiti, a été également annexée à la France en 1880.

Les Tahitiens ont le teint olivâtre, la figure ovale, le front
découvert et arrondi, l'œil bien fendu, brillant et très noir ;
le nez droit et aquilin, souvent renflé aux narines ; la bouche
un peu grande, mais bien dessinée et garnie de dents d'une
blancheur éclatante ; les oreilles longues ; les cheveux noirs,
lisses ou frisés, mais jamais laineux. Ils sont graves, coura-
geux et d'un caractère franc et ouvert. Convertis au christianisme par des missionnaires européens, ils ont abandonné
les coutumes barbares de leurs ancêtres. Leur nombre a
beaucoup diminué, depuis l'arrivée des Européens ; l'île de
Tahiti n'en compte plus que 14 000. L'archipel entier en
a 25 000.

Les îles **Touamotou**, c'est-à-dire *îles lointaines* (appelées auparavant *Pomotou*, signifiant, en tahitien, *îles
soumises*), sont situées à l'E. des îles de la Société. On les
appelle aussi *îles Basses*, et l'on en désigne une grande
partie sous le nom d'*archipel Dangereux.* Ces îles sont sablonneuses, entourées de récifs de corail et d'un abord dif-
ficile. Les habitants ressemblent beaucoup aux Tahitiens.
Ils sont soumis au protectorat de la France.

On rattache aux îles Touamotou, vers le S., les îles *Gambier* et *Mangaréra*, dont les insulaires ont été civilisés par
des missionnaires catholiques et qui sont devenues françaises
depuis 1881.

On y rattache aussi l'île *Pitcairn*, colonisée dans le siècle dernier par des marins anglais révoltés. Cette colonie offrit d'abord le plus triste assemblage de vices et de crimes ; mais elle éprouva ensuite une complète transformation sous la direction patriarcale d'un de ses colons, John Adams.

L'île **Oparo** ou **Rapa**, au S.-E. des Toubouaï, est également devenue française depuis 1881.

Les îles **Mendaña** ou **Marquises**, que nous possédons aussi, sont situées au N.-E. des précédentes, se divisent en deux groupes, et furent découvertes en 1595 par l'Espagnol Mendaña, qui les appela îles du *Marquis de Mendoze*, en l'honneur du gouverneur du Pérou. Ces îles sont hautes et boisées. Elles jouissent d'un climat sec et salubre, et offrent des aspects enchanteurs dans les vallées basses. Les principales productions sont le goyavier, l'ananas, le citronnier, l'oranger, le ricin, l'ama, espèce de noyer ; l'igname, le taro, le ti, le kapé (arum), le kava (poivrier avec lequel les indigènes font une liqueur enivrante), la patate douce, l'arrow-root, le cocotier, l'arbre à pain, le pandanus, le bananier, le mûrier blanc.

La plus peuplée de ces îles est *Nouka-hiva*, dans le groupe du N.-O. La plus grande est *Hiva-oa* ou *Santa-Dominica*, dans le groupe du S.-E., où l'on remarque aussi *Tahouata*.

La France a pris possession des îles Marquises en 1842.

Les habitants, au nombre d'environ 10 000, sont remarquables par leurs belles formes, la régularité de leurs traits et la blancheur de leur teint. La variété de leurs coiffures, leurs tatouages si divers et d'un dessin si parfait, leurs vêtements, leurs joyaux, leur donnent un aspect curieux et étrange. Ils sont braves, intelligents, mais ont un grand penchant à la rapacité, et se livrent à l'anthropophagie.

Un peu au S. du tropique du Capricorne, se trouve l'île de **Pâques**, amas de rochers volcaniques ; elle fut découverte en 1772 par l'amiral hollandais Roggeween, qui la nomma ainsi en l'honneur de la solennité du jour où il l'aperçut. Les naturels l'appellent *Ouaïhou*. C'est la terre habitée la plus orientale de l'Océanie. Les hauteurs sont arides, mais les vallons sont fertiles et bien cultivés, et ils produisent abondamment des patates, des ignames, des cannes à sucre, d'excellentes bananes. Il n'y a pas d'arbres dans cette île : toutes les plantes sont herbacées.

La **Nouvelle-Zélande**, située dans le S.-O. de la Polynésie, au S.-E. de l'Australie, se compose surtout de deux grandes îles, qui s'étendent du N.-E. au S.-O., aux antipodes d'une partie de la France. Ces deux îles sont séparées l'une de l'autre par le détroit de Cook, découvert en 1770 par le navigateur de ce nom ; la plus septentrionale et la moins considérable est nommée *Té-Ika-a-Maoui* ou *Nouvelle-Ulster :* l'autre est *Té-Vahi Pounamou* ou *Nouvelle-Munster*. — Il se trouve une troisième île, peu étendue, nommée *Stewart*, très près au S. de Té-Vahi-Pounamou. — Une chaîne de hautes montagnes, généralement volcaniques, parcourt les deux grandes îles dans leur longueur ; les sommets les plus élevés sont dans l'île du sud.

La température de la Nouvelle-Zélande est à peu près semblable à celle de la France, mais les ouragans y sont fréquents et terribles. Le sol est excellent : les céréales, les racines et les légumes d'Europe y réussissent très bien. Le pays est couvert d'arbres d'une beauté remarquable. Le *phormium*, dont les feuilles fournissent une filasse aussi fine que la soie et propre à la fabrication des étoffes, est une production de cette contrée. On y a découvert de riches mines d'or.

Les Néo-Zélandais ou *Maoris* ont une taille élevée, des traits réguliers et agréables, quoique fortement prononcés. Actifs et braves, ils respirent généralement la guerre. Longtemps inhospitaliers et sans pitié, ils ont souvent exercé avec perfidie des actes de cruauté contre les navigateurs que la tempête jetait sur leurs côtes, et ils étaient anthropophages.

Aujourd'hui leurs mœurs se sont adoucies ; la plupart sont convertis à la religion chrétienne et se livrent à la culture.

Les Anglais ont pris possession de ces îles ; mais ils ont eu à réprimer de graves insurrections des indigènes. Leurs principales villes y sont : *Auckland*, ancien siège du gouvernement de la colonie, dans le nord de l'île Té-Ika-a-Maoui, sur un isthme étroit qui sépare la côte orientale de la côte occidentale ; — *Wellington*, capitale actuelle, dans la même île, sur le détroit de Cook ; — *Nelson* et *Dunedin*, dans l'île de Té-Vahi-Pounamou. — On trouve dans la même île le territoire d'*Otago*, très riche en or. — La population coloniale de la Nouvelle-Zélande est de 380 000 âmes.

Le groupe de CHATHAM ou BROUGHTON, les îles BOUNTY et l'île des ANTIPODES, qui a été appelée ainsi parce qu'elle est la terre la plus voisine des antipodes de Greenwich, marquent une chaîne presque parallèle à la côte orientale de Té-Vahi-Pounamou. — Les *antipodes de Paris* se trouvent aussi à l'E. de cette grande île.

Les îles CAMPBELL, AUCKLAND et MACQUARIE terminent la Polynésie vers le S. Ces îles et les précédentes appartiennent à l'Angleterre, et, avec la Nouvelle-Zélande, font également partie de ce que les Anglais appellent l'*Australasie*.

Les INDIGÈNES POLYNÉSIENS ont quelque ressemblance avec la race malaise, quoique, sous certains rapports, on puisse en faire une race distincte : leur taille est élevée, leur corps bien proportionné, leur teint olivâtre ; leurs traits sont réguliers et beaux, mais ils se couvrent d'un tatouage bizarre. Leurs pirogues sont faites avec beaucoup d'art, et ils sont excellents navigateurs. L'anthropophagie et d'autres usages cruels existent encore parmi eux. Cependant ils sont intelligents, et le christianisme et la civilisation ont pénétré dans plusieurs îles. Leur principal État est celui des îles Havaï.

TERRES ANTARCTIQUES DE L'OCÉANIE

Au S. de la Polynésie et de la Mélanésie, vers le cercle polaire antarctique, entre le 110ᵉ et le 165ᵉ degré de longitude E., on voit les *Terres Termination, Sabrina, Clarie, Adélie, Balleny*, découvertes par Dumont d'Urville, Wilkes et d'autres hardis navigateurs de ce siècle ; elles sont ensevelies sous des amas de neige et de glace. Plus loin encore, est la *Terre Victoria*, découverte en 1841 par le capitaine James Ross, et qu'on a reconnue jusqu'au 78ᵉ degré de latitude. On y a vu les hauts volcans d'*Erebus* et de *Terror*. Toutes ces terres se touchent peut-être, et peut-être aussi rejoignent-elles la Terre Enderby, au S.-E. de l'Afrique, ainsi que la Terre de Graham et autres, qu'on rencontre au S. de l'Amérique : plusieurs géographes croient que ces diverses terres forment un *continent antarctique* qui envelopperait le pôle austral.

AMÉRIQUE

DESCRIPTION PHYSIQUE GÉNÉRALE

Découverte ; limites, forme, étendue, mers ; expéditions arctiques en Amérique. — Les parties boréales de l'Amérique furent découvertes au dixième siècle par les Scandinaves, qui appelèrent *Groënland* et *Vinland* les contrées où ils abordèrent. Les parties équinoxiales le furent en 1492, par Colomb, qui crut arriver aux terres des Indes d'Asie les plus avancées à l'E.; cependant le Nouveau-Monde a pris le nom d'Améric Vespuce de Florence, qui ne le vit qu'après l'illustre Génois (peut-être en 1497). Jean et Sébastien Cabot, Vénitiens, abordèrent sur la côte orientale de l'Amérique du Nord dès 1494.

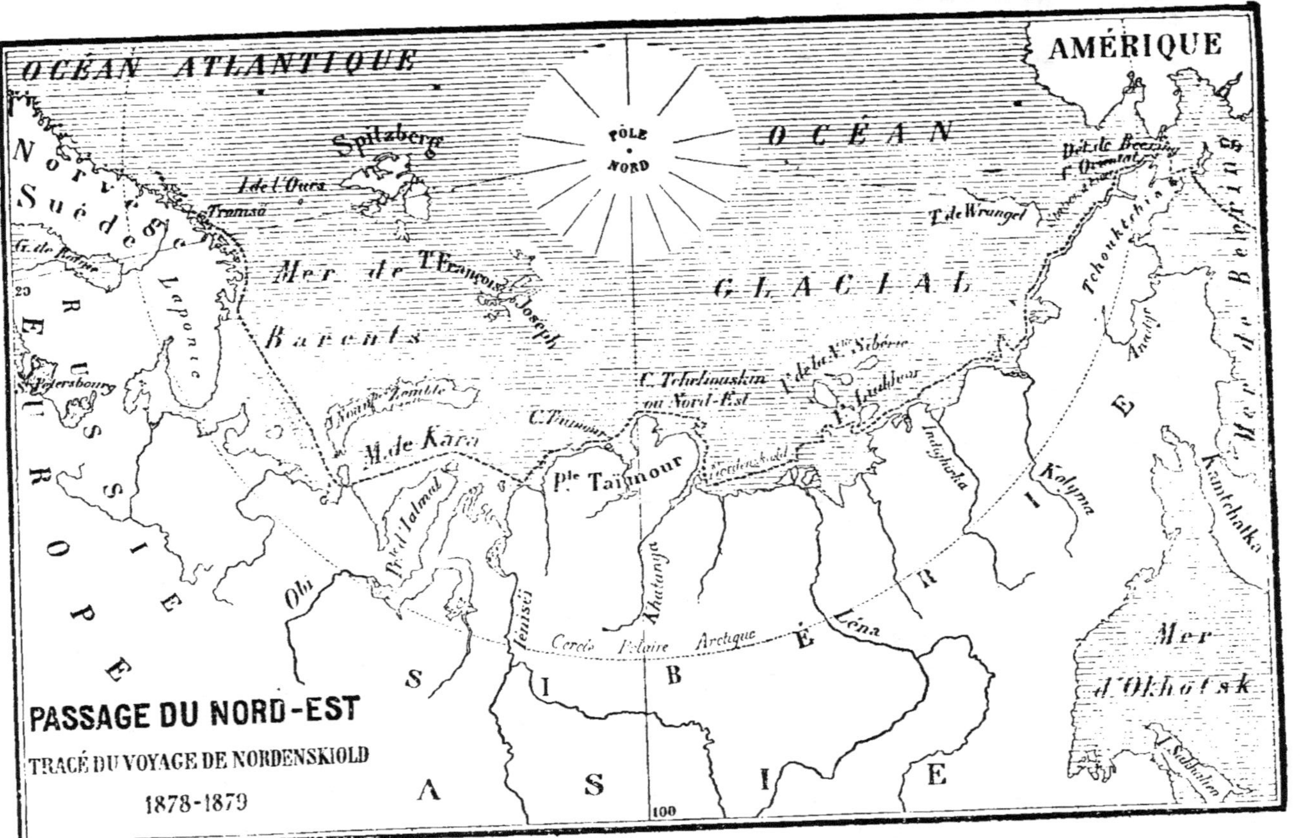

OCÉAN ATLANTIQUE
AMÉRIQUE
PÔLE NORD
OCÉAN
GLACIAL
Spitzberg
I. de l'Ours
Tromsö
Norvège
Suède
Gr. de Bothnie
RUSSIE
Pétersbourg
Laponie
EUROPE
Mer de T. François Joseph
Barents
Nouv. Zemble
M. de Kara
P.le Yalmal
Ob
Ienisséi
Khatanga
Cercle Polaire Arctique
S
I
B
É
R
I
E
A
S
I
E
Pte Taïmour
C. Taïmour
C. Tcheliouskin ou Nord-Est
Nordenskiold
I. de la N.le Sibérie
I. Liakhov
Indighirka
Léna
Kolyma
Détroit de Behring et Oriental
I. de Wrangel
Tchouktchis
Anadyr
Mer de Behring
Kamtchatka
Mer d'Okhotsk
I. Sakhalien
100
20
PASSAGE DU NORD-EST
TRACÉ DU VOYAGE DE NORDENSKIOLD
1878-1879
Dressé par J. Hansen

L'Amérique s'allonge du N. au S., l'espace de plus de 15 000 kilomètres, entre l'Atlantique, à l'E., et le Grand Océan ou océan Pacifique, à l'O., et se termine au S. par le cap Horn. Au N., elle est baignée par l'océan Glacial, où se trouvent plusieurs terres encore très imparfaitement explorées.

Cette contrée s'arrête vers le S. à 56° de latitude méridionale, et a été visitée au N. jusqu'à 83° de latitude N.; elle est comprise entre 20° et 171° de longitude O.

Avec ses îles, l'Amérique est la plus grande partie du monde et a 42 484 000 kilomètres carrés. Elle se rétrécit beaucoup vers le milieu, où sa portion la plus étroite n'a que 45 kilomètres et forme le double isthme de *Panama* et de *Darien*. Ce qui se trouve au N. de cet isthme est l'*Amérique septentrionale*; ce qui est au S. forme l'*Amérique méridionale*. A l'E., s'étend le vaste archipel des *Antilles*.

Les côtes de l'Amérique septentrionale sont très irrégulières; mais celles de l'Amérique méridionale sont presque partout uniformes.

On voit pénétrer dans les terres de l'Amérique septentrionale, vers le N., du côté de l'océan Glacial, la mer de **Baffin**, les détroits de *Smith* et de *Kennedy*; — les détroits de *Lancastre* et de *Barrow*, le bassin de *Melville*, le détroit de *Banks* (qui est le *passage nord-ouest*, à la recherche duquel a péri dans les glaces l'illustre John Franklin, et qui a été découvert par le capitaine Mac-Clure en 1853); — la mer **Polaire de Kane**, ainsi nommée d'un voyageur américain qui, après un long trajet sur des espaces glacés, est arrivé au bord d'une mer libre de glaces, vers 82° de latitude, comme y sont parvenus depuis ses compatriotes Hayes et Hall (ce dernier l'a appelée mer de *Lincoln*); — l'expédition anglaise de *Nares* est allée plus loin encore (83°20') et n'a trouvé qu'une mer glacée qu'on a appelée mer *Paléocrystique*.

L'Atlantique forme le détroit de **Davis** et la mer d'**Hudson**, qui doivent leurs noms à d'anciens voyageurs ; le golfe **Saint-Laurent**, le golfe du **Mexique** et la mer des **Antilles**.

Du côté du Grand Océan, on voit le golfe de **Panama** ; puis le long golfe de **Californie**, appelé aussi mer *Vermeille* ou de *Cortez*, et, beaucoup plus loin vers le N., la mer de **Beering**, au N. de laquelle est le détroit de même nom, placé entre la pointe N.-O. de l'Amérique et la pointe N.-E. de l'Asie. Cette mer et ce détroit ont été ainsi appelés du voyageur Beering, qui les visita en 1728.

Dans l'Amérique méridionale, les seuls enfoncements dignes de remarque, sont les golfes de *Guayaquil* et de *Guaiteca*, sur la côte O. On rencontre au S. le long et sinueux détroit de **Magellan**, situé entre la **Terre de Feu** et le continent, et ainsi nommé du navigateur Magellan, qui le parcourut en 1520, dans le premier voyage autour du monde.

Presqu'îles, caps et îles. — On remarque, sur la côte orientale de l'Amérique du N., les presqu'îles du **Labrador**, de la **Nouvelle-Écosse** ou **Acadie**, de la **Floride** et du **Yucatan** ; — à l'O., les presqu'îles de **Californie** et d'**Alaska**.

Le cap le plus oriental de la partie continentale de l'Amérique du Nord est le cap *Charles*, dans le Labrador, et le plus avancé à l'O. est le cap *Occidental* ou du *Prince de Galles*, sur le détroit de Beering. Le cap *Farewell* forme l'extrémité S. du Groenland.

L'Amérique du S. a quatre caps célèbres vers les points cardinaux : au N., est le cap *Gallinas* ; à l'E., le cap *Blanc du Brésil* ; à l'O., le cap *Parina* ; au S., le cap **Horn**. Ce dernier, découvert par Schouten et Lemaire en 1616, n'est pas sur le continent : il appartient à l'archipel de la *Terre de Feu* ; l'extrémité continentale de l'Amérique vers le S. est réellement le cap *Froward*, sur le détroit de Magellan.

Il faut aussi remarquer, vers l'extrémité E. de l'Amérique du Sud, le cap **Saint-Roch**, et vers l'extrémité O., le cap *Blanc du Pérou.*

Le grand archipel des **Antilles**, près de la partie moyenne de l'Amérique, forme une longue chaîne sinueuse depuis la Floride jusqu'à l'Amérique du Sud. Il comprend les îles **Lucayes** ou **Bahama, Cuba, Haïti, Porto-Rico, la Jamaïque, la Guadeloupe, la Martinique**, etc. — Plus au N., sont, dans l'Atlantique, les *Bermudes*, **Terre-Neuve**, et le banc du même nom, célèbre par la pêche de la morue ; l'île *Royale* ou de *Cap-Breton*, l'île *Saint-Jean* ou du *Prince-Edouard.*

Plus au N. encore, on voit, enveloppées par les eaux confondues de l'Atlantique et de l'océan Glacial les terres très froides du **Groenland** et l'**Islande**.

L'île de *Jean Mayen* et l'archipel glacé du **Spitzberg** se trouvent à l'E. du Groenland, tandis qu'au N. de cette grande région, sont les terres de *Washington* et de *Hall;* — à l'O., s'étend un dédale d'îles et de presqu'îles très peu connues, qui forme au loin vers le N. le prolongement de l'Amérique. Ce sont les presqu'îles *Melville* et *Boothia*, les terres de *Baffin* et de *Cumberland*, les deux terres *Grinnell* et celle de *Grant*, l'île *Southampton*, la *Terre Victoria*, la *Terre de Banks*, jointe à l'île de *Baring:* l'archipel *Parry*, dans lequel est l'île *Melville*, etc. Ces terres ont été, la plupart, découvertes dans ce siècle par John et James Ross, Parry et autres navigateurs anglais. — A l'E. de l'Amérique méridionale, les îles remarquables sont *Marajo*, à l'embouchure de l'Amazone, et les îles *Malouines* ou *Falkland*

A l'O. de l'Amérique septentrionale on trouve, dans le Grand Océan, la chaîne des îles *Aléoutiennes*, l'archipel du *Roi George III*, l'île de la *Reine Charlotte*, l'île de *Vancouver.*

A l'O. de l'Amérique méridionale, on remarque les îles

Galapagos ou des *Tortues*, les îles *Juan Fernandez*, et, tout près du continent, la grande île *Chiloé* et l'archipel de la *Mère de Dieu.* — Nous avons déjà parlé de la **Terre de Feu**, située vers l'extrémité S. du continent américain. — Beaucoup plus au S., dans l'océan Glacial antarctique, se présentent les îles glacées qu'on appelle *Nouveau-Shetland méridional, Orcades méridionales, Terre de Graham, Terre de Louis-Philippe, Terre de Joinville*, etc.

Aspect général, montagnes, plateaux, plaines et climat. — L'Amérique a de très grandes chaînes de montagnes, — et se relève considérablement à l'O., où elle offre un immense bourrelet le long du Grand Océan dont la côte est haute et régulière. La principale chaîne est celle qui parcourt tout le continent, du nord au sud, depuis les parages du détroit de Beering jusqu'au détroit de Magellan. Dans l'Amérique du Nord, cette arête d'abord à peine sensible, s'élève peu à peu, s'élargit, se fractionne, forme des chaînons parallèles, de vastes plateaux, d'énormes escarpements, puis se rétrécit, tout en se maintenant à une grande altitude, enfin s'abaisse dans l'Amérique centrale pour se relever bientôt sous l'aspect le plus majestueux, le plus colossal dans l'Amérique du Sud, où ses vastes plateaux ont une hauteur presque aussi considérable que ceux de l'Asie centrale, et où ses volcans gigantesques se dressent à plus de 6500 mètres au-dessus du niveau de la mer.

Dans l'Amérique du Nord, elle porte le nom de monts **Rocheux** ou plus communément *montagnes Rocheuses* ou simplement *Rocheuses :* — puis ceux de **Cordillère du Mexique** et de Sierra Madre, divisée en deux grandes branches longeant les deux côtés et qui laissent entre elles le grand et haut plateau d'**Anahuac** ; c'est à partir de la Cordillère du Mexique que l'on remarque des volcans en pleine activité, entre autres le **Popocatepelt** (5400 mètres) ; —

plus au sud, cette chaîne, également remplie de volcans, prend le nom de **Cordillère de l'Amérique centrale**, elle serpente entre les eaux de la mer des Antilles et celles de l'océan Pacifique, s'affaisse et n'a plus que 93 mètres de hauteur entre Colon et Panama, où l'on creuse le grand canal interocéanique sous la direction de M. de Lesseps.

Dans l'Amérique méridionale, elle prend le nom de **Cordillère des Andes** ; elle longe de très près la mer, se divise en rameaux qui couvrent la Colombie d'un gigantesque éventail. Elle forme d'immenses plateaux dans la République de l'Équateur et dans le Pérou ; au nord du lac Titicaca, les deux chaînes qui en constituent l'énorme ossature, sont unies par un rempart transversal, mais se développent néanmoins parallèlement à la côte. Les *Andes chiliennes* sont celles qui atteignent la plus grande hauteur ; ensuite, elles s'abaissent en Patagonie.

Ainsi, l'altitude des grands sommets, croît du N. au S., — de la région équatoriale au Chili. — Les moins élevés sont ceux du Pérou ; viennent ensuite les pics de la Bolivie et, au premier rang, certainement les plus hauts, sont les sommets du Chili.

On voit dans les Andes de petits villages bâtis à environ 4000 mètres. La hauteur des neiges éternelles sous l'équateur et dans les régions voisines est de 4800 mètres. Les plus hauts sommets sont le **Chimborazo** (6550 mètres) ; le **Cotopaxi**, le plus redoutable des volcans, le **Sorata**, l'**Aconcagua** (6830 mètres), dont le nom veut dire montagne fumante et qui est, sans doute, le point culminant du Nouveau-Monde. Soit dans l'Amérique du Nord, soit dans l'Amérique du Sud, il n'est pas de montagnes plus riches en métaux que cette longue arête : on y trouve de l'or, de l'argent, du mercure, du cuivre, du fer, etc.

Le voyageur qui le premier a bien fait connaître les Cordillères, est Alexandre de Humboldt qui commença en 1799 ses célèbres explorations en Amérique. Depuis, des études très consciencieuses poursuivies par des savants américains et des voyageurs européens, ont jeté un jour nouveau sur des points qui n'avaient été qu'effleurés par de Humboldt.

On remarque, en outre, vers la côte occidentale de l'Amérique du Nord, la *Sierra Nevada* et la chaîne des *Cascades*, où se trouvent de riches mines d'or et d'argent, et dans la partie orientale de la même Amérique, les monts **Alleghany** ou **Apalaches**, d'environ 2000 mètres d'élévation.

Dans l'Amérique du Sud, une grande chaîne se sépare de la Cordillère, court à l'E., et se termine au cap Saint-Roch; elle porte principalement les noms de **Serra dos Vertentes** et a pour rameau la **Serra do Espinhaço**, la plus haute chaîne de la région orientale de l'Amérique méridionale; elle a 3000 mètres d'altitude. Dans le N., on remarque la *Sierra Pacaraima*.

Nous avons déjà dit qu'il y avait de grands plateaux au milieu des montagnes : par exemple ceux des monts Rocheux, celui d'Anahuac dans le Mexique, le plateau de Titicaca dans les Andes, etc.

Dans l'Amérique du Nord, de vastes plaines se déroulent, des *Alleghanys* jusqu'aux premiers contreforts des monts Rocheux. A l'O. des États-Unis au delà du Mississipi, elles prennent le nom de **Savanes**.

Dans l'Amérique du Sud, les régions correspondant aux prairies des États-Unis, sont les *Llanos* dans la Colombie, les *Pampas* dans la Plata.

Les **Llanos**, dont l'étendue peut être évaluée à celle de la France, se couvrent, après l'époque des pluies, d'herbes touffues. Des bœufs et des chevaux y errent par millions, — mais bientôt, la chaleur dessèche les plantes, crevasse le sol, transforme les eaux limpides en marais ou en bourbiers; — les animaux se réfugient sur le bord des rivières. Les *Llanos* ressemblent alors aux plus affreux déserts de l'Afrique, cependant les orages ne tardent pas à revenir; avec eux, la végétation renaît.

Les **Pampas** de la confédération Argentine s'étendent sur une surface beaucoup plus considérable que la France. Ce sont des plaines monotones également couvertes d'herbes et où l'eau potable et le bois sont très rares. On y trouve beaucoup de petits lacs et de marais salés, — et elles sont arrosées çà et là par quelques ruisseaux saumâtres. Elles servent de pâturages à d'immenses troupeaux de bœufs et de chevaux. Le vent violent qui y souffle pendant une partie de l'année s'appelle *pampero*.

La plupart des régions traversées par les montagnes du Mexique, de l'Amérique centrale et par les Andes, — ainsi que les Antilles, sont exposées à des tremblements de terre fréquents et terribles,

Le climat est extrêmement froid au N. (quelquefois plus de 50 degrés au-dessous de zéro) ; il est froid aussi vers la partie la plus méridionale, mais fort chaud dans les régions du milieu. Ces régions éprouvent des pluies périodiques, et sont d'une grande fertilité. En général, la température y est moins élevée qu'en Afrique, à latitude égale. Elle n'y est pas saine sur les côtes, surtout celles de l'E., qui sont exposées à des maladies graves, comme la fièvre jaune, trop fréquente particulièrement sur les rivages du golfe du Mexique. Dans l'Amérique du Nord, la température est plus égale sur la côte de l'O. que dans les parties orientales, où règnent des extrèmes de chaud et de froid. De grandes tempêtes assiègent les parages du cap Horn.

Fleuves. — L'Amérique est divisée en deux versants : l'un N.-E. et oriental, incliné vers l'océan Glacial et l'océan Atlantique; l'autre occidental, incliné vers le Grand Océan.

Mississipi. — Vue prise de la Nouvelle-Orléans.

Dans l'Amérique septentrionale. — Beaucoup de fleuves coulent sur le versant du N.-E. et de l'E.

Le *Mackenzie*, le fleuve de la *Mine de cuivre* et le *Back* se rendent dans l'océan Glacial.

Le *Mississipi* ou *Churchill* se jette dans la mer d'Hudson.

Le **Saint-Laurent**, servant d'écoulement à de grands lacs que nous verrons tout à l'heure, entre, par une large embouchure, dans le golfe auquel il donne son nom.

L'**Hudson** et le *Potomac* coulent à l'E. des monts Alleghanys, et se jettent dans l'océan Atlantique.

Le **Mississipi** est un fleuve long de 4500 kilomètres, qui va tomber dans le golfe du Mexique par plusieurs embouchures, où de vastes atterrissements, produits par les nombreuses alluvions du fleuve, forment dans la mer une langue de terre très avancée. Il reçoit le **Missouri,** qui a 5000 kilomètres de cours ; cette grande rivière et la partie inférieure du Mississipi composent un seul cours d'eau, de plus de 7000 kilomètres. C'est le plus long fleuve du globe. Un autre affluent très important du Mississipi est l'*Ohio*. — Ce sont les Français Joliet, Marquette et La Salle qui, au dix-septième siècle, ont découvert le cours du Mississipi, appelé d'abord fleuve de Saint-Louis.

Le *rio* **Grande del Norte** se jette aussi dans le golfe du Mexique.

L'Amérique septentrionale envoie au Grand Océan : le **Columbia** ou **Orégon** ; le *rio Colorado,* qui se jette dans le golfe de Californie ; le *Fraser* et le *Sacramento,* célèbres par les mines d'or qui se trouvent vers leurs bords ; et le *Youkon,* qui se rend dans la mer de Beering.

Dans l'Amérique méridionale. — La *Madeleine* ou *Magdalena* se jette dans la mer des Antilles. — L'océan Atlantique reçoit : l'**Orénoque,** qui dessine un vaste contour et a un delta très étendu ; — l'*Esséquébo* ; — l'immense fleuve des *Amazones*, appelé simplement aussi l'**Amazone**, quelquefois *Maranon*, et qui se grossit du *rio Madeira* : — le **Tocantins**; — le **Sao-Francisco**, qui forme la magnifique cataracte de *Paulo-Affonso* : — le **rio de la Plata**, fleuve très large, qui est formé par la réunion du **Parana** et de l'**Uruguay**; le Parana se grossit lui-même du **Paraguay**.

Il n'y a aucun grand fleuve sur le versant de l'ouest.

Le principal de tous ces fleuves de l'Amérique méridionale est l'**Amazone**, qui a environ 5000 kilomètres de longueur; c'est le fleuve le plus large du globe. Il a à son embouchure jusqu'à 300 kilomètres.

Lacs. — L'Amérique est la partie du monde où l'on trouve le plus de lacs. Il y en a surtout beaucoup à l'O. et au S. de la mer d'Hudson.

Dans l'Amérique septentrionale. — Le lac des *Montagnes*, le *Grand lac des Esclaves* et le *Grand lac des Ours* s'écoulent dans l'océan Glacial par le Mackenzie; — le lac *Ouinipeg* verse ses eaux dans la mer d'Hudson. — Le fleuve Saint-Laurent sert d'écoulement aux cinq grands lacs **Ontario, Érié, Huron, Michigan** et **Supérieur**, qui sont le théâtre d'une active navigation. Ce dernier est le plus grand des lacs d'Amérique. Le lac Érié se verse dans le lac Ontario par la rivière **Niagara**, qui forme une des plus belles cataractes du globe. Le *Grand lac Salé* est dans un bassin qui sépare les monts Rocheux de la Sierra Nevada.

Dans la partie de l'Amérique resserrée entre la mer des Antilles et le Grand Océan, on voit le lac de **Nicaragua**, dans lequel s'écoule celui de *Managua*, et qui verse ses eaux dans la mer des Antilles par la rivière *San-Juan* ; on a le projet de le faire communiquer au Grand Océan par un canal.

Dans l'Amérique méridionale. — Le lac de **Maracaybo** est joint à la mer des Antilles par un assez large détroit.

Le lac **Titicaca** ou **Chucuyto**, à l'O., est sur un plateau des Andes et ne communique pas avec la mer.

Le lac **dos Patos**, sur la côte S.-E., est près de l'Atlantique.

Productions. — Le sol américain est extrêmement riche en or et en argent ; ces métaux abondent surtout dans la grande chaîne principale des deux Amériques et dans la Sierra Nevada. Il y a dans l'Amérique méridionale d'importantes mines de diamants (au Brésil), d'émeraudes, de topazes, de platine et de cuivre. Le mercure est commun dans la Californie et sur quelques autres points.

Le pétrole et la houille sont abondants vers les monts Alleghanys. Il y a dans ces montagnes, ainsi que dans beaucoup d'autres portions de l'Amérique, de riches mines de fer.

La végétation américaine est très variée et très belle. Parmi les arbres des forêts du nord de l'Amérique, on peut citer le superbe magnolia, le tulipier, l'acacia, le sassafras ; des pins et des sapins, qui atteignent une prodigieuse hauteur ; des cèdres, des cyprès, etc.

Dans les parties équinoxiales, on voit le cotonnier, le café-ier, la canne à sucre, le cacaoyer, l'indigotier, l'agavé, curieux par sa prompte croissance et ses nombreux usages ; le bananier, l'igname, le manioc ; la vanille qui grimpe et s'entrelace autour des grands arbres ; les cactus ; de magnifiques palmiers ; les bois de teinture connus sous les noms de campêche et de brésil ; l'acajou, qui fournit un bois précieux pour l'ébénisterie ; le quinquina, dont l'écorce est un fébrifuge si renommé ; l'ipécacuanha et le jalap, autres plantes médicinales célèbres. L'Amérique est la patrie des pommes de terre et du tabac.

Les animaux domestiques de l'Europe ont été transportés en Amérique et s'y sont partout multipliés. Les chevaux et les bœufs se trouvent même à l'état sauvage en beaucoup d'endroits.

Les singes sont fort nombreux dans les parties équinoxiales.

Les quadrupèdes principaux des régions du N. sont les élans, les rennes, les ours, les bisons, les chats-bais ou chats-cerviers, les castors, les hermines, les martres, les renards, les loutres et autres animaux à fourrure. Dans les contrées chaudes, surtout dans la partie méridionale de la zone torride, on remarque le lama, la vigogne, l'alpaca, qui rappellent un peu, mais en petit, les chameaux de l'ancien monde ; le jaguar ou once, qui habite les forêts marécageuses ; le couguar ou tigre rouge.

Le condor, ou grand vautour des Andes, est, de tous les oiseaux, celui qui s'élève le plus haut dans les airs. Le roi des vautours, ou irubi, qui a un plumage agréablement varié, vit dans l'Amérique équinoxiale. Les régions équatoriales ou tempérées renferment encore les perroquets, parmi lesquels on distingue les aras, les plus grands et les plus magnifiques de tous ; les colibris, les oiseaux-mouches, si curieux par leurs vives couleurs et leur petitesse. — L'autruche américaine, ou le nandou, erre dans les plaines des parties méridionales.

De nombreux reptiles inspirent l'effroi par leur grosseur ou par la subtilité de leur venin. On remarque surtout le serpent à sonnettes, dans l'Amérique septentrionale, et le crocodile nommé caïman ou alligator, dans toute la zone équinoxiale.

CONTRÉES DE L'AMÉRIQUE DU NORD

L'Amérique du Nord comprend cinq divisions : le *Groenland*, l'*Amérique du Nord anglaise*, les *États-Unis*, le *Mexique* et l'*Amérique centrale*.

La plus boréale de ces divisions est le **Groenland**, c'est-à-dire, en danois, la *Terre verte*, nom dû à la teinte verte (produite par la mousse) que remarquèrent les premiers navigateurs qui l'aperçurent au dixième siècle. C'est un pays très froid et dont on ne connaît pas les limites au N., ni l'intérieur ; il paraît composé de plusieurs grandes îles. Il y a, sur la côte occidentale, des colonies danoises, dont la pêche est le principal objet. Les indigènes sont les *Eskimaux* ou *Huskis*, peuple de très petite taille.

A l'E. du Groenland, on trouve l'*Islande ;* on y voit aussi l'archipel du *Spitzberg*, qui est couvert de rochers et de glaces, et qu'on peut rattacher à l'Europe.

L'Amérique du Nord anglaise, qu'on a aussi appelée **Nouvelle-Bretagne**, s'étend depuis l'océan Atlantique jusqu'au Grand Océan. Elle renferme, au N., beaucoup d'îles et de presqu'îles, qui sont très peu connues à cause du froid extrême auquel elles sont exposées. A l'E., elle comprend l'important pays du *Canada*, qui a longtemps appartenu à la France ; Jacques Cartier l'avait conquis sous François Ier, et l'appela *Nouvelle-France*. Champlain en fit une importante colonie au commencement du dix-septième siècle. Aujourd'hui il appartient aux Anglais ; mais les habitants du Bas-Canada, c'est-à-dire de la partie de l'est, ont conservé la langue et les mœurs françaises. Les villes principales sont **Ottawa**, la capitale ; **Québec** (60 000 hab.) et **Montréal** (110 000 hab.), sur le Saint-Laurent, beaucoup plus considérables que la capitale ; **Toronto** (47 000 hab.), sur le lac Ontario.

A l'E. encore, on remarque le Nouveau-Brunswick et la Nouvelle-Écosse, dont la capitale est *Halifax*. — Au N.-E., s'avance le Labrador, entre la mer d'Hudson et l'Atlantique.

Les Eskimaux et d'autres peuples sauvages habitent le nord et le centre de l'Amérique du Nord anglaise.

A l'E. du Canada, devant le golfe de Saint-Laurent, se trouve la grande île de *Terre-Neuve*, qui dépend aussi des Anglais. On nomme *Grand Banc de Terre-Neuve* un banc de sable qui s'étend à l'E. et au S. de cette île, et qui est célèbre par la pêche de la morue.

Sur le Grand Océan, est la *Colombie britannique*, dans laquelle on a découvert de riches mines d'or. En face, est l'île de *Vancouver*, colonie florissante, avec la ville de *Victoria*.

Le Canada, le Nouveau-Brunswick, la Nouvelle-Écosse, la Colombie britannique et une grande partie de l'intérieur (prov. de Manitoba, etc.) sont réunis en une association politique qui prend le nom de *confédération Canadienne* (en anglais, *Dominion of Canada*).

La population de l'Amérique du Nord anglaise est de 4 millions d'habitants.

Les **États-Unis** occupent le milieu de l'Amérique septentrionale, et s'étendent depuis l'océan Atlantique et le golfe du Mexique jusqu'au Grand Océan. Ils constituent une république riche, puissante, la plus considérable de l'Amérique, et composée de trente-huit États et de neuf territoires. La population est de 50 millions d'habitants, sur environ 8 millions de kilomètres carrés.

En suivant la côte de l'océan Atlantique et ensuite celle du golfe du Mexique, on remarque, comme principaux États : le *Maine*, le *Massachusetts*, l'État de *New-York*, la *Pennsylvanie*, le *Maryland*, la *Virginie*, la *Caroline du Nord*, la *Caroline du Sud*, la *Géorgie*, la *Floride*, l'*Alabama*, le *Mississipi*, la *Louisiane* et le *Texas*.

Dans l'intérieur, on distingue les États d'*Ohio*, de *Kentucky*, de *Tennessee*, d'*Indiana*, d'*Illinois*, de *Missouri*, etc.

A l'O., sur la côte du Grand Océan, on rencontre l'État de *Californie*, riche en mines d'or, et celui d'*Orégon*, où l'on trouve aussi beaucoup d'or; celui de *Nevada*, à quelque distance de cette côte, est riche surtout en mines d'argent.

On voit encore, à l'O., le territoire du *Nouveau-Mexique* et celui d'*Utah*, habité par la secte des *Mormons*.

On parle anglais dans une grande partie des États-Unis, car les plus anciens de ces États ont été, dans l'origine, des colonies anglaises.

La capitale est **Washington** (150 000 h.), sur le Potomac.

Les autres villes les plus remarquables sont : à l'E., **Boston** (360 000 hab.); **New-York**, la plus grande ville d'Amérique (2 000 000 d'habitants, avec *Brooklyn*); **Philadelphie** (850 000 hab.); **Baltimore**, *Richmond*, *Charleston*, toutes vers l'océan Atlantique; — au S., la **Nouvelle-Orléans** (215 000 hab.), dans la Louisiane, sur le Mississipi, près du golfe du Mexique; — au centre, **Saint-Louis** (350 000 hab.), vers le confluent du Mississipi et du Missouri; **Cincinnati** (250 000 h.) et *Louisville*, sur l'Ohio; **Chicago** (570 000 h.), sur le lac Michigan; — à l'O., **San-Francisco** (230 000 hab.), dans la Californie.

Les États-Unis possèdent, de plus, une contrée qu'ils ont acquise des Russes en 1867, et qui se trouve à l'extrémité N.-O. de l'Amérique, sur le détroit et la mer de Beering : c'est ce qui composait la **Russie américaine** ou l'**Amérique russe**, et qu'on nomme aujourd'hui territoire d'*Alaska*. Les îles **Aléoutiennes**, habitées par les *Aléoutes*, et formant une longue chaîne qui se prolonge au S.-O. de ce pays, jusque dans le voisinage de l'Asie, leur ont été cédées en même temps.

Le **Mexique** est un beau pays, situé au sud des États-Unis, entre le golfe du Mexique et le Grand Océan; il est peu peuplé (9 millions d'habitants) en raison de son étendue et des richesses de son sol.

Il appartenait autrefois à l'Espagne, il a été ensuite une république, s'est érigé en empire sous l'influence de la

New-York. — Vue prise de Broocklyn.

France, et a repris enfin un gouvernement républicain, composé de 27 États.

On y trouve les mines d'argent les plus riches du globe. Il y a aussi d'importantes mines d'or, et beaucoup d'acajou, de bois de teinture, de vanille, de cacao, de bananiers, de cochenilles.

La capitale est **Mexico** (250 000 hab.), belle ville, sur un plateau de l'intérieur. Autres villes principales : **Vera-Cruz** et *Campéche*, sur le golfe du Mexique ; *Puebla* et **Guadalaxara**, dans l'intérieur.

La presqu'île de *Californie*, à l'O., et celle de *Yucatan*, à l'E., sont comprises dans le Mexique. On remarque, dans cette dernière et dans d'autres parties du S.-E. de la république, d'anciens monuments très beaux et très vastes, qui ont été construits par un peuple inconnu, longtemps avant la découverte de Colomb.

Une partie du Yucatan, à l'E., appartient au gouvernement britannique. C'est ce qu'on appelle le **Yucatan anglais** ou le **Honduras anglais**. Le chef-lieu de cette colonie est *Balize*.

L'Amérique centrale est une contrée longue et étroite, renfermée entre le Grand Océan et la mer des Antilles, et composée de cinq républiques : celle de **Guatémala**, la plus importante, avec une population d'un million d'habitants ; — celles de **Honduras**, de **Salvador**, de **Nicaragua** et de **Costa-Rica**. — On y remarque la rivière *San-Juan*, qui s'écoule dans la mer des Antilles et qui sort de l'extrémité orientale du lac de *Nicaragua*. Ce lac reçoit au N.-O. les eaux de celui de *Managua*, et ne se trouve qu'à 22 kilomètres du Grand Océan, auquel on a le projet de l'unir par un canal.

Les villes principales sont : **Guatémala** (60 000 hab.), capitale de la république de Guatémala, près du Grand Océan ;

— *Comayagua*, capitale du Honduras ; — **San-Salvador**
(40 000 hab.), capitale de l'État très florissant de Salvador ;
Managua, capitale du Nicaragua ; *Léon*, *Granada* et *Nicaragua* ou *Rivas*, dans la même république ; *San-Juan del
Norte* ou *Greytown*, encore dans le même État, à l'embouchure de la rivière San-Juan ; — *San-José*, capitale de
l'État de Costa-Rica.

L'Amérique centrale comprend, à l'E., le peuple indigène
des *Mosquitos*, qui a formé quelque temps un royaume sous
la suzeraineté de l'Angleterre.

Les productions principales de l'Amérique centrale sont
le café, le sucre, l'indigo, le coton, la vanille, des bois de
teinture et d'ébénisterie, des baumes renommés, la salsepa-
reille, la cochenille, des mines d'or et d'argent.

Ce pays a une population totale de 2 à 3 millions d'habitants.

CONTRÉES DE L'AMÉRIQUE DU SUD

L'Amérique du Sud comprend 11 contrées :

Une de ces contrées est baignée à la fois par le Grand
Océan et la mer des Antilles : c'est la république des
États-Unis de Colombie (auparavant NOUVELLE-GRE-
NADE), ancienne colonie espagnole, qui rappelle les premières découvertes de Colomb sur la *Terre Ferme* américaine, et qui est en grande partie couverte par la *Cordillère
des Andes* ; le fleuve principal est la *Madeleine* ou *Magdalena*, qui va au N. se jeter dans la mer des Antilles.

Il y a, sur les montagnes, des plateaux fertiles ; de très
belles vallées s'étendent au pied de la Cordillère. Dans l'E.,
se trouvent des plaines immenses, tantôt nues et stériles,
tantôt fertiles et verdoyantes, suivant l'époque de la sécheresse et celle des pluies. On les appelle *llanos* (c'est-à-dire
plaines, en espagnol).

L'or, le platine, le cacao, le café, le froment, le tabac, le coton, le quinquina, le caoutchouc, les bois de teinture, sont les productions principales de ce pays.

La confédération comprend, au N.-O., l'**isthme de Panama**, qui est coupé par un chemin de fer et dont le prolongement au S.-E. prend le nom d'*isthme de Darien*.

Les États-Unis de Colombie, peuplés de 3 millions d'habitants, se composent de neuf États, et ont pour capitale **Santa-Fé de Bogota** (ou simplement *Bogota*), avec 50 000 habitants, sur un des plateaux les plus tempérés et les plus salubres de l'Amérique. Les autres villes principales sont : *Popayan*, *Antioquia*, dans l'intérieur ; *Carthagène des Indes*, *Sainte-Marthe*, *Chagres*, *Colon* ou *Aspinwall*, ports sur la mer des Antilles ; **Panama**, sur l'isthme et le golfe de même nom ; *San-Buenaventura*, port sur le Grand Océan.

LE CANAL DE L'ISTHME DE PANAMA

Comme l'Amérique centrale, le nord de la Colombie qui est très resserré entre l'Atlantique et le Pacifique est admirablement placé pour la communication entre les deux Océans. Déjà, un chemin de fer unit *Colon* à *Panama*. Dans quelques années, un canal sans écluses coupera également l'isthme suivant une ligne presque parallèle au chemin de fer. Il partira de la baie de *Limon*, près de Colon, et atteindra *Panama* sur le Pacifique. Sa longueur sera d'environ 70 kilomètres. Les plus gros navires y pourront passer.

Sur la mer des Antilles et sur l'océan Atlantique, se trouvent cinq contrées : le *Vénézuéla*, la *Guyane*, le *Brésil*, l'*Uruguay*, la *confédération Argentine*.

Le **Vénézuéla**, ancienne colonie espagnole, aujourd'hui république, est composé de 20 États confédérés. Il est borné au N. par la mer des Antilles, au N.-E. par l'Atlantique. Sa côte présente le golfe de *Maracaybo*, près duquel s'étend un grand lac circulaire de même nom. Ce pays offre un mélange de montagnes et de plaines fertiles. Il est exposé à de violents tremblements de terre. L'*Orénoque* ou *Orinoco* l'arrose et s'y jette dans l'Atlantique par plusieurs embouchures.

Il y a des mines d'or et l'on y fait de bonnes récoltes de café, de coton, de cacao, de tabac, de canne à sucre, d'indigo, de manioc, de maïs ; on y élève beaucoup de bétail ; on y exploite des bois de teinture et d'ébénisterie, le caoutchouc, etc.

Le Vénézuéla est peuplé de 2 millions d'habitants, et a pour capitale **Caracas** (50 000 hab.), près de la mer des Antilles, où elle a pour port *la Guaira*. Autres villes : *Valencia, Barquisimeto, Maracaybo*, sur le détroit qui réunit le lac et le golfe de Maracaybo ; **Ciudad-Bolivar** (autrefois *Angostura*), port sur l'Orénoque ; cette dernière ville est dans la *Guyane vénézuélienne* (l'ancienne *Guyane espagnole*), qui occupe le S. du Vénézuéla.

La **Marguerite**, une des îles Antilles, dépend de cette république.

La GUYANE comprend : la *Guyane anglaise*, la *Guyane hollandaise*, la *Guyane française*. — Il y a, en outre, la *Guyane vénézuélienne* (ci-devant *espagnole*), dans le S. du Vénézuéla, et la *Guyane brésilienne* (ci-devant *portugaise*), dans le N. du Brésil.

La **Guyane anglaise** est à l'E. du Vénézuéla ; l'*Esséquébo*, le *Demerara* et la *Berbice* l'arrosent. C'est, de toutes les Guyanes, la plus peuplée et la plus florissante. Elle a 200 000 habitants. Il y a de riches plantations de canne à sucre, de café, de coton, d'indigo, de tabac. **Georgetown** ou **Demerara**, ville de 37 000 âmes, à l'embouchure du Demerara, en est le chef-lieu.

La **Guyane hollandaise** est entre la Guyane anglaise et la Guyane française. Le *Surinam* l'arrose du S. au N., et offre des bords riches et bien cultivés en coton, sucre, café, etc. C'est vers son embouchure qu'est situé le chef-lieu de la colonie, **Paramaribo**, belle ville de 20 000 habitants.

La **Guyane française** est séparée, à l'O., de la Guyane hollandaise par le *Maroni*, et elle touche, vers le S., à la Guyane brésilienne, vers laquelle sa limite n'est pas bien déterminée ; il y a un vaste territoire contesté. La population (sans les indigènes) est de 18 000 habitants, dont la plupart sont des gens de couleur. Les côtes sont plates et bordées de forêts de mangliers ; les forêts de grands arbres ne commencent qu'à 80 kilomètres de la côte. Le climat est malsain de novembre à juin, dans la saison des pluies, comme dans toutes les régions tropicales. On y cultive la canne à sucre, le coton, le cacao, la cannelle, le poivre, le girofle, le manioc, l'igname, le maïs, les bananes.

Le chef-lieu est **Cayenne**, petite ville et port de mer, sur l'île de même nom.

Le **Brésil**, empire très vaste, et l'un des pays les plus riches du monde en toutes sortes de productions, occupe le centre et l'E. de l'Amérique méridionale. Il a longtemps appartenu au Portugal.

Cette grande contrée équivaut à plus des trois quarts de l'Europe, et pourtant ne renferme que 11 millions d'habitants. On peut la diviser en deux grandes régions naturelles, celle du N. et celle du S. La première se compose de vastes plaines marécageuses et chaudes, couvertes d'épaisses forêts (où abonde le caoutchouc), et inondées par les eaux de

Baie de Rio-de-Janeiro.

l'immense fleuve des *Amazones*, par celles de ses nombreux affluents et par le *Tocantins*, qui a, comme l'Amazone, son embouchure sous l'équateur. — La seconde, moins chaude, plus salubre, montagneuse sur plusieurs points, est arrosée par le *São-Francisco*, le *Parana* et le *Paraguay* : elle produit en abondance du coton, du tabac, du sucre, du café, du cacao, de l'indigo, de l'ipécacuanha, et du *brésil* ou brésillet, bois de teinture rouge, qui a donné son nom au pays.

Le Brésil a d'importantes mines d'or, d'argent, de platine, de diamants, de topazes, etc.

Il est partagé en 20 provinces, dont voici les principales :

Au N., celle de *Para*, qui comprend la *Guyane brésilienne* ou *portugaise*, et où l'on remarque la ville de *Para* ou *Belem*, près de l'embouchure du Tocantins.

A l'E., la province de *Maranham*, dont le chef-lieu est *Saint-Louis de Maranham;* — la province de *Pernambouc*, avec la ville de **Recife** ou **Pernambouc** (120 000 h.); — la province de *Bahia*, qui tire son nom de la baie (*bahia*) de *Tous-les-Saints*, et qui a pour chef-lieu la grande et florissante ville de **São-Salvador** ou **Bahia** (130 000 hab.); — la province de *Rio-de-Janeiro*, qui doit son nom à une belle baie sur laquelle est la ville de **Rio-de-Janeiro**, capitale du Brésil, peuplée de 280 000 habitants.

Au centre, la province de *Minas-Geraes*, célèbre par ses mines de diamants, d'or, etc. ; — et la province de *Goyaz*.

A l'O., la grande province, presque déserte, de *Matto-Grosso*.

Au S., la province de *Saint-Paul*, avec la florissante ville de même nom ; — la province de *Sainte-Catherine*, qui tire son nom d'une belle île qu'elle renferme ; — enfin la province de *Rio-Grande do Sul*.

Il y a dans le Brésil un assez grand nombre d'Indiens, appartenant la plupart à la grande famille des *Guaranis*.

L'esclavage des nègres a été longtemps en vigueur dans cet empire ; il vient d'être aboli.

La république de l'**Uruguay**, placée à l'E. de la rivière Uruguay et au N. du rio de la Plata, est une ancienne colonie espagnole. Elle renferme 450 000 âmes.

C'est un pays fertile, surtout en pâturages, et sa richesse principale consiste en bœufs et en chevaux, dont il y a d'innombrables troupeaux.

Montévidéo, ville de 100 000 habitants, sur la rive N. du rio de la Plata, est la capitale.

La **confédération Argentine** [1], ou confédération de **la Plata**, est une ancienne colonie espagnole, très tempérée et très salubre, qui s'étend depuis les Andes, à l'O., jusqu'à l'océan Atlantique, au S.-E. Elle est arrosée à l'E. par le Parana et l'Uruguay, qui forment, par leur réunion, le rio de la Plata.

La confédération Argentine, composée de 14 provinces, a une population de 2 millions d'habitants. La capitale est **Buenos-Ayres** (220 000 hab.), grande ville, bien bâtie, qui occupe une position magnifique, sur la rive méridionale du rio de la Plata. — Les autres villes principales sont : *Rosario, Santa-Fé*, sur la rive droite du Parana ; *Parana, Corrientes*, situées sur la rive gauche de la même rivière ; *Mendoza*, qui a éprouvé un grand tremblement de terre en 1861 ; *Cordora : San-Luis*.

D'immenses plaines désertes et couvertes d'herbes, nommées *pampas*, occupent l'intérieur, vers le S. — Il s'y trouve d'innombrables troupeaux de bœufs et de chevaux.

Les principales productions de la Plata sont l'or, l'argent,

---

1. Elle s'appelle ainsi à cause du RIO DE LA PLATA, dont le nom signifie *fleuve d'argent*.

le cuivre, le coton, le tabac, le maté, ou thé du Paraguay, mais surtout les bœufs, qui donnent lieu à un grand commerce de viandes salées, de graisse et de suif.

Patagonie argentine. — La République argentine et le Chili ont pris possession en 1881 de la Patagonie, de la Terre de Feu et des îles voisines. La confédération Argentine s'étend maintenant jusqu'au sud de l'Amérique, de l'Atlantique à la ligne des Andes. La Terre des États est entrée dans le domaine des Argentins. Le détroit de Magellan est neutralisé à perpétuité. Les **Patagons** dont le nom veut dire grands pieds en espagnol, ont été appelés ainsi par suite d'une méprise. Les bottes qu'ils portent firent illusion aux voyageurs qui leur supposèrent des pieds de proportion énorme. Leur taille est élevée. Les *Puelches*, les *Poyuches*, sur la terre ferme, et les *Pécherais*, dans la Terre de Feu, sont leurs principales tribus.

Dans l'intérieur de l'Amérique du Sud, loin de la mer, mais toujours sur le versant de l'Atlantique, est la république du **Paraguay**, située entre le Parana et le Paraguay, autrefois soumise à l'Espagne, et peuplée de 300 000 habitants (elle en a eu plus d'un million). Ce pays se trouve entre le Brésil et la Plata, contre lesquels il a soutenu dans ces derniers temps une longue guerre, malheureuse pour lui.

La capitale est l'**Assomption**, sur le Paraguay ; *Villarica* est la seconde ville.

Les *Guaranis* et les *Payaguas* sont parmi les principaux peuples indigènes de ce pays.

Le Paraguay est fertile, et produit du tabac, du coton; du maïs, du sucre, des patates, du maté, etc.

Dans l'O. de l'Amérique méridionale, quatre républiques,

qui ont été des possessions espagnoles, sont baignées par le Grand Océan et couvertes par les Cordillères des Andes. Ce sont de beaux pays, riches en productions végétales et minérales, mais souvent bouleversés par des tremblements de terre.

La première est la république de l'**Équateur**. Les *Andes* y sont très élevées, et l'on y remarque les majestueux sommets du *Chimborazo*, du *Cotopaxi*, volcan redoutable, de l'*Antisana* et du *Pichincha*.

Des plateaux fertiles couronnent quelques parties de ces montagnes, et sont parsemés de villes et de villages, de gras pâturages et de champs bien cultivés. Le quinquina est une des productions végétales les plus précieuses de ce pays ; les mines d'or et d'émeraudes y sont communes.

L'Équateur renferme environ un million d'habitants. Il a pour capitale **Quito**, grande ville de 80 000 habitants, située au milieu des Andes, sous l'équateur ; elle a été plusieurs fois ravagée par des tremblements de terre. — *Guayaquil* est un port commerçant, près du golfe du même nom. — *Cuenca* est une des villes principales de l'intérieur.

A l'O. de la république de l'Équateur, dans le Grand Océan, est l'archipel des *Galapagos* ou des *Tortues*, où les Équatoriens ont formé un petit établissement.

La seconde république est le **Pérou**. C'est le pays le plus occidental de l'Amérique du Sud. La Cordillère des Andes, qui le traverse du N.-O. au S.-E., y est riche en mines d'or et d'argent ; les vallées qui s'ouvrent à leur base sont ornées de la plus brillante végétation, et ont pour principales récoltes la canne à sucre, le cacao, l'indigo, le froment, le maïs et les pommes de terre. Les alpacas y sont nombreux.

A l'O. de ces montagnes, près de la côte du Grand Océan, sont des plaines stériles, où il ne pleut jamais. La partie orientale du pays est composée de plaines humides et arrosée par une foule de rivières, premiers affluents de l'*Amazone*, fleuve qu'on nomme *Tunguragua* dans son cours supérieur. Sur la frontière S.-E., s'étend, sur un plateau très élevé, le grand lac *Titicaca*.

Les tremblements de terre sont un des fléaux du Pérou ; ceux de 1868 et de 1877 ont détruit un grand nombre de villes.

Le célèbre engrais nommé *guano*, qu'on trouve aux îles *Chincha*, *Lobos* et *Guanape*, est une des plus grandes richesses du pays. Le nitrate de soude est un autre engrais commun au Pérou.

Les villes les plus considérables sont : **Lima** (110 000 h.), capitale de la république, à l'O., près du Grand Océan, où **le Callao** lui sert de port ; — *Huamanga* ou *Ayacucho*, très belle ville, au centre de la contrée : — **Cuzco** (20 000 hab.), au S.-E., ancienne résidence des Incas qui gouvernaient le Pérou avant la conquête des Espagnols ; — *Arequipa*, au S., près du volcan de même nom ; — *Arica*, port de mer, aussi au S. ; — *Trujillo*, autre port, au N., près des ruines remarquables d'anciens monuments péruviens. — Il y a, à Cuzco, près du lac Titicaca et ailleurs, d'autres monuments très curieux qui attestent une antique splendeur.

Le Pérou renferme 3 millions d'habitants.

Il s'y trouve un assez grand nombre d'Indiens, qui descendent, la plupart, de la nation *Quichua*, autrefois puissante.

La **Bolivie**, au S.-E. du Pérou, dont elle est en partie séparée par le grand lac Titicaca ou Chucuyto, doit son nom au général Bolivar, qui a beaucoup contribué à la rendre indépendante de l'Espagne. Elle est traversée aussi par les Andes, qui y présentent quelques-uns de leurs plus hauts sommets, tels que les pics d'*Illimani*, de *Sorata* et de *Sahama*. Elle s'étend au S.-O. jusqu'au Grand Océan.

Les principales productions du pays sont les mines d'or

et d'argent, le guano, le cacao, le sucre, l'agave, le coton, le tabac, l'indigo, la vanille, le coca (plante très employée comme fortifiant par les indigènes).

La population est de 2 millions d'habitants. La capitale est **Chuquisaca**, *Charcas*, *la Plata* ou *Sucre* (30 000 hab.), célèbre par ses mines d'argent. — On remarque, parmi les autres villes, **la Paz**, fameuse par ses mines d'or, et la plus grande ville de la Bolivie (avec 75 000 hab.); — *Potosi*, très connue par ses mines d'argent; — *Cochabamba* (40 000 h.); — *Cobija* ou *Puerto de la Mar*, à peu près le seul port de la Bolivie sur l'océan Pacifique, près du grand désert sablonneux d'*Atacama*.

Les plus belles parties du pays sont au pied des Andes: il règne dans les vallées de ces montagnes un printemps perpétuel et la plus riche fécondité.

Les *Moxos* et les *Chiquitos* sont des Indiens qui habitent dans la partie orientale de la république. Sur les plateaux des Andes, on trouve les *Quichuas*.

La quatrième république occidentale est le **Chili**, pays long et très étroit, resserré entre les Andes et le Grand Océan, et remarquable par son climat très doux, sa fertilité et ses mines d'argent, de cuivre et d'aimant; mais les tremblements de terre y sont fréquents et terribles. Les Andes y présentent leur plus haut sommet, le mont *Aconcagua*. Le blé est la principale richesse agricole du Chili. La vigne et les oliviers y réussissent. Les lamas, les alpacas et les vigognes y sont nombreux.

Cette république compte plus de 2 millions d'habitants. La capitale est **Santiago** (150 000 hab.), une des villes de l'Amérique du Sud les plus avancées dans le progrès des sciences et des lettres. — Les autres villes principales sont **Valparaiso** (100 000 hab.), port très important; — *la Serena*, qui a pour port *Coquimbo*; — *San-Francisco de* *la Selva,* qui a pour port *la Caldera;* — *la Conception, Valdivia,* villes maritimes.

Dans le S. du Chili, habitent les *Araucanos,* indigènes belliqueux, que les Espagnols n'ont jamais pu soumettre, mais qui sont aujourd'hui en partie réunis à la république chilienne.

La grande île de *Chiloé* est située au sud de cette république et en dépend.

A 650 kilomètres à l'O. du Chili, se trouvent les îles de *Juan Fernandez,* sur l'une desquelles fut abandonné, en 1709, le marin écossais Alexandre Selkirk, dont les aventures ont fourni le sujet de l'ouvrage intitulé *Robinson Crusoé.*

La Patagonie, à l'extrémité méridionale de l'Amérique, est resserrée entre le Grand Océan et l'océan Atlantique. Cette contrée est, on l'a vu plus haut, partagée entre le Chili et la confédération Argentine. Le Chili a toute la bande comprise entre les Andes et l'Océan, jusqu'au détroit de Magellan et de plus la plus vaste portion de la Terre de Feu. La confédération Argentine possède la portion E. La Patagonie est un pays triste en général, assez froid au S., et habité par le peuple sauvage des *Patagons,* célèbres par leur taille élevée, et très bons cavaliers. A l'extrémité S. de cette contrée, le Chili possède le territoire de *Magellan.*

A côté de la Patagonie, vers le S., se trouve l'archipel de la *Terre de Feu,* séparé du continent par le long et sinueux détroit de Magellan. Elle fut ainsi nommée des flammes qu'y aperçut, dans le lointain, le voyageur Magellan, quand il la découvrit en 1520, et qui provenaient sans doute des feux allumés par les indigènes pour se chauffer ; elle est séparée de la Patagonie propre par le détroit de *Magellan.* Cette région est froide et aride, et ses habitants ont l'aspect le plus misérable. Le Chili possède la plus grande partie de la

Terre de Feu. — Près et à l'E. est la *Terre des États* (aux Argentins), dont le climat est aussi très rigoureux.

Au N.-E., on rencontre les îles *Malouines* ou *Falkland*, où les Anglais ont un établissement.

Ces îles furent colonisées dans le dix-huitième siècle par des Français de Saint-Malo. Il n'y a pas de bois, mais beaucoup d'herbages, qui nourrissent de nombreux troupeaux de bœufs et de chevaux. Les oiseaux appelés manchots y sont communs.

Fort loin, au S.-E. et au S. des îles Malouines et de la Terre de Feu, se trouvent quelques terres couvertes de glaces et que l'on connaît peu : tels sont la *Géorgie australe*; les archipels des *Orcades méridionales* et du *Nouveau-Shetland méridional*; la *Terre de Graham*; la *Terre de Louis-Philippe* et la *Terre de Joinville*, découvertes par Dumont d'Urville.

ÎLES ANTILLES

Les ANTILLES, qu'on appelle aussi *Indes occidentales*, sont un grand archipel qui s'étend entre l'Amérique septentrionale et l'Amérique méridionale, depuis le voisinage de la Floride jusque vers le Vénézuéla; elles se trouvent devant le golfe du Mexique et la mer des Antilles.

On les partage en 4 divisions principales :

Au N., sont les îles LUCAYES ou BAHAMA, qui appartiennent aux Anglais; ce sont les premières terres d'Amérique que vit Christophe Colomb en 1492. On croit généralement que la première où il aborda, et qu'il appela *San-Salvador*, est celle que l'on nomme aujourd'hui *Cat-Island*. — L'île de la *Providence* est le siège de l'administration anglaise des Lucayes. Le chef-lieu est *Nassau*.

Au milieu, on remarque les **Grandes Antilles**, c'est-à-dire *Cuba*, *Haïti*, la *Jamaïque* et *Porto-Rico*.

Cuba, la plus grande des Antilles, est soumise à l'Espagne. Elle s'allonge de l'O. à l'E. l'espace d'environ 1200 kilomètres, devant le golfe du Mexique et à l'E. de la presqu'ile de Yucatan ; elle présente le plus bel aspect, et produit en abondance le sucre, le café, les ananas, les oranges et autres excellents fruits, le bois d'acajou et du tabac renommé. La population est de 1 400 000 âmes. — La **Havane**, sur la côte septentrionale, avec un très beau port et 230 000 habitants, en est la capitale. — *Cuba* ou *Santiago de Cuba* (40 000 habitants) est un autre port important dans la partie orientale de l'île.

Haïti (nom donné à l'île par les anciens indigènes), que Christophe Colomb appela *Española* et qui fut ensuite appelée *Saint-Domingue*, est située à l'E. de Cuba. Autrefois partagée entre les Français, qui avaient l'O., et les Espagnols, qui possédaient la partie orientale, elle a formé ensuite une république, établie par des nègres et des mulâtres révoltés ; aujourd'hui elle se compose encore une fois de deux parties distinctes : à l'O., la *république d'Haïti*, qui a pour capitale *Port-au-Prince* (30 000 hab.), et pour autres villes le *Cap-Haïtien* (autrefois le *Cap-Français*) et les *Cayes ;* — à l'E., la *république Dominicaine*, dont la capitale est *Saint-Domingue* ou *Santo-Domingo*.

Cette île est une des plus belles parties de l'Amérique ; elle fournit beaucoup de productions précieuses, surtout du café, du sucre, du coton. La population est d'environ 800 000 habitants, dont 600 000 pour la république d'Haïti.

La **Jamaïque**, qui appartient aux Anglais, est située au S.-E. de Cuba, au S.-O. d'Haïti, et remarquable par sa belle culture. Elle renferme 580 000 habitants, et a pour chef-lieu *Spanishtown ;* mais les plus grandes villes sont *Kingston* et *Port-Royal*, sur la côte méridionale.

Haïti. — Ville de Cap-Haïtien.

Porto-Rico, aux Espagnols, se trouve à l'E. d'Haïti. C'est la moins considérable des Grandes Antilles; on y compte 600 000 habitants. Elle a, comme les autres, un aspect agréable et un sol fertile en cacao, bois de Campêche, tabac, piment, etc. ; sa capitale est *San-Juan de Puerto-Rico*, ou simplement *Porto-Rico*, sur la côte septentrionale.

À l'E., se trouvent les Petites Antilles, qui forment une longue chaîne, dirigée du N. au S. On les appelle quelquefois îles Caraïbes, à cause des peuples de ce nom qui les habitaient anciennement; souvent aussi on les nomme îles du Vent, parce qu'elles sont plus exposées que les autres Antilles aux vents alizés ou vents de l'E., qui soufflent constamment dans ces parages.

Les plus importantes de ces îles sont : la *Guadeloupe* et la *Martinique*, qui appartiennent à la France ; — *Antigoa*, la *Dominique*, *Sainte-Lucie*, *Saint-Vincent*, la *Barbade*, la *Grenade*, *Tabago* et la *Trinité*, qui dépendent de l'Angleterre ; — *Saint-Eustache*, aux Hollandais ; — *Saint-Thomas* et *Sainte-Croix*, aux Danois.

La Guadeloupe se compose de deux parties, séparées l'une de l'autre par un petit bras de mer. La partie orientale s'appelle *Grande-Terre*, et présente un territoire plat, le mieux cultivé et le plus peuplé de la colonie. La partie occidentale, qu'on nomme *Basse-Terre*, est hérissée de hautes montagnes, dont la principale est le volcan très actif de la *Soufrière*. — Le chef-lieu est la *Basse-Terre*, jolie petite ville, agréablement située sur la côte occidentale de la région de même nom.

La *Pointe-à-Pître*, chef-lieu de la Grande-Terre, est la ville la plus importante de la colonie; elle a un port spacieux et 16 000 habitants. Toute la Guadeloupe renferme 180 000 habitants.

Près de la Guadeloupe, la France possède encore la petite île de *Marie-Galante*, celle de la *Désirade* et le petit groupe des *Saintes*, découvert aussi par Colomb en 1493.

La **Martinique** offre, dans l'intérieur, des montagnes volcaniques hérissées de rochers et couvertes de forêts. Mais elle a de riches plantations dans les régions basses, voisines des côtes ; on y cultive la canne à sucre, le meilleur café des Antilles, le cacao, le tabac, les bananes, les patates, le manioc. La population est de 160 000 habitants.

Le *Fort-de-France* (autrefois le *Fort-Royal*), avec un port excellent, est le chef-lieu de la Martinique. — *Saint-Pierre*, autre port, est le centre du commerce de l'île.

Les Français ont, en outre, dans les Petites Antilles, la partie septentrionale de *Saint-Martin*, dont le sud est aux Hollandais, et la petite île de *Saint-Barthélemy*, que la Suède nous a cédée.

La **Barbade**, la plus peuplée des Petites Antilles, a environ 170 000 habitants, malgré son peu d'étendue ; elle est très fertile, très commerçante, mais exposée à de terribles ouragans.

La **Trinité**, la plus méridionale, la plus grande et l'une des plus belles des îles du Vent, est près de l'Amérique du Sud, et a 150 000 habitants.

Au S., sont les îLES SOUS LE VENT, très voisines de l'Amérique méridionale, et dont les principales sont la **Marguerite**, au Vénézuéla, et **Curaçao**, aux Hollandais.

HABITANTS DE L'AMÉRIQUE

La population de l'Amérique est d'environ 90 millions d'habitants ; c'est la partie du monde la moins peuplée en proportion de l'étendue.

Une grande partie de la population est d'origine européenne : ce sont surtout les *Espagnols*, les *Français*, les *Anglais* et les *Portugais* qui ont conquis et colonisé ce continent.

Il y a aussi en Amérique beaucoup de *nègres*, d'origine africaine ; les uns sont encore esclaves (dans Cuba), les autres sont libres.

On nomme *mulâtres* les personnes qui sont nées de blancs et de nègres, et *quarterons* celles qui sont nées de blancs et de mulâtres. On donne le nom de *gens de couleur* aux nègres, aux mulâtres, aux quarterons, à tous ceux enfin qui ont du sang nègre, lors même que leur peau est à peu près blanche.

Les indigènes américains[1], au nombre d'environ 10 millions, sont appelés *Indiens*, parce qu'à l'époque de la découverte de l'Amérique, on prit ces terres nouvelles pour les îles de l'Inde les plus avancées vers l'E. ; ils sont peut-être les descendants d'anciennes colonies de la race jaune, à laquelle ils ressemblent un peu. Ces Indiens ont la peau d'un rouge de cuivre ou d'un jaune rougeâtre, quelquefois d'un brun olivâtre ; ils ont les cheveux noirs, lisses et durs, et peu de barbe. La plupart sont divisés en peuplades sauvages.

---

1. Quoique ces indigènes soient les véritables *Américains*, on désigne plus ordinairement aujourd'hui sous le nom d'*Américains* la population d'origine anglaise dans les États-Unis.

RÉSUMÉ DES POSSESSIONS EXTÉRIEURES DES EUROPÉENS

AFRIQUE

Les Français possèdent : 1° le gouvernement général d'*Algérie*, divisé en trois départements : *Alger, Constantine, Oran*; 2° les colonies africaines : le *Sénégal* et dépendances, dans l'O. de l'Afrique; sur les côtes de Guinée, le *Gabon*, occupé, et *Assinie, Grand Bassam* et *Dabou*, abandonnés; — l'île de la *Réunion*, celle de *Sainte-Marie*, celle de *Mayotte* et quelques autres au S.-E. de cette partie du monde; *Obock*, à l'E., etc. Nous exerçons notre protectorat sur la Tunisie.

Les Anglais ont en Afrique : la colonie du *Cap*, celle de *Natal*, le *Transvaal*, l'île *Maurice*, l'île *Rodrigue*, les *Séchelles, Sainte-Hélène*, l'*Ascension* et quelques autres îles; plusieurs points de la *Guinée* (Sierra Léone, etc.), et de la *Sénégambie*, etc. Ils exercent de plus en plus une grande influence sur toute l'Afrique australe.

Les Portugais ont en Afrique : les *Açores* et les îles *Madère*, mais qui ne sont pas considérées comme colonies. Leurs colonies proprement dites se composent de la capitainerie générale de *Mozambique*, de l'*Angola*, de la *Sénégambie* dite *portugaise*, des îles du *Cap-Vert*, de l'île du *Prince*, et de celle de *Saint-Thomas*, etc.

Les Espagnols ont, sur la côte du Maroc, les *présides* (forteresses) de *Ceuta*, de *Melilla* et quelques autres. Ils possèdent *Fernando-Pô* et *Annobon*, dans le golfe de Guinée; quant aux Canaries, près des côtes d'Afrique, elles ne sont pas considérées comme colonies, mais comme province intégrante de la métropole.

Les Italiens ont *Assab*, sur la côte d'Abyssinie.

Les Allemands commencent à exercer une sorte de protectorat sur quelques positions de l'Afrique intérieure.

ASIE

Les Français ont des établissements dans l'*Hindoustan* (*Pondichéry, Karikal, Yanaon, Mahé, Chandernagor*) ; dans la *Basse-Cochinchine*, dont le chef-lieu est *Saïgon*.

Les Anglais ont *Chypre* dans la Méditerranée, — *Aden, Périm* à l'entrée de la mer Rouge, la plus grande partie de l'*Hindoustan, Ceylan*, les îles voisines de l'Hindoustan : *Nicobar, Andaman*, etc., une partie de l'*Indo-Chine*, l'île de *Singapour*, l'île de *Hong-Kong* et quelques autres. Leur empire colonial en Asie est considérable. Les populations qui leur sont soumises s'élèvent à 190 millions d'habitants.

Les Russes possèdent la *Sibérie*, les rives du fleuve *Amour, Sakhalian*, la plus grande partie du *Turkestan*, la *Transcaucasie*, etc., à peu près la moitié du monde asiatique.

Les Portugais ont *Goa*, et quelques autres établissements dans l'Hindoustan ; *Macao*, en Chine, etc.

OCÉANIE

Les Français possèdent la *Nouvelle-Calédonie*, et quelques groupes d'îles du voisinage ; les îles *Marquises* ou *Mendaña*, deux des îles *Tahiti*, les îles *Mangareva* ou *Gambier*, *Oparo* ou *Rapa*, etc., et nous exerçons notre protectorat sur plusieurs archipels.

Les Anglais ont l'*Australie*, la *Tasmanie*, les îles *Viti*, et la *Nouvelle-Zélande*, les îles *Chatam, Aukland* et *Macquarie*, un grand nombre d'autres îles à travers l'Océanie, une portion de *Bornéo*, etc. Ils exercent leur protectorat sur quelques îles. Leurs possessions en Océanie ont une étendue presque égale à celle de l'Europe.

Les Hollandais possèdent presque tout l'archipel de la *Sonde, Sumatra, Java*, la *Nouvelle-Guinée*, etc. *Batavia* est leur plus grande ville (dans Java). Ils ont une partie de *Bornéo* et plusieurs autres points en Malaisie.

Les Espagnols ont également dans la Malaisie, les îles *Philippines (Luçon, Mindanao*, etc.), et en Micronésie, les *Mariannes*.

Les Portugais ont des établissements à *Timor* (Malaisie).

AMÉRIQUE

Les Français possèdent plusieurs des îles *Antilles*, particulièrement la *Guadeloupe* et la *Martinique ;* la *Guyane française*, dans le N.-E. de l'Amérique méridionale ; les îles *Saint-Pierre* et *Miquelon*, près de la côte de Terre-Neuve ; quelques autres points du continent américain, etc.

Les Anglais ont en Amérique : l'*Amérique du Nord anglaise*, avec le *Canada (Dominion)*, la *Nouvelle-Écosse*, le *Nouveau-Brunswick, Terre-Neuve* et d'autres parties de l'Amérique septentrionale ; les îles *Bermudes ;* la *Jamaïque*, les *Lucayes*, la *Barbade*, la *Trinité* et beaucoup d'autres îles *Antilles ;* le *Yucatan anglais* ou *Honduras anglais*, la *Guyane anglaise ;* les îles *Malouines* ou *Falkland*, etc.

Les Espagnols ont *Cuba* et *Porto-Rico*, dans les Antilles.

Les Danois possèdent le *Groenland*, et dans l'archipel des Antilles : *Sainte-Croix, Saint-Thomas* et *Saint-Jean*.

Les Hollandais ont une des *Guyanes*, et plusieurs des *Antilles : Curaçao*, etc.

FIN

TABLE DES MATIÈRES

PARIS. — IMPRIMERIE ÉMILE MARTINET, RUE MIGNON, 2.

OUVRAGES DE MM. CORTAMBERT

I. — ENSEIGNEMENT GÉNÉRAL DES DEUX SEXES.

Cours de géographie, avec vign. 1 vol. in-12 (pour l'âge de 13 à 18 ans), cart. 4 »
Petit Cours de géographie, avec vignettes (de 9 à 13 ans). 1 60
Petit Atlas géographique du premier âge, avec texte, in-18 (de 7 à 9 ans). . . . » 80
Petite Géographie illustrée du premier âge, in-18, cart. (de 7 à 12 ans). . . . . . » 80
Petite Géographie illustrée de la France, in-18, cart. (de 7 à 12 ans). . . . . » 80
Géographie de la France, pour les aspirantes au certificat d'études. (Voyez au
   titre II la Géographie de la classe de quatrième et celle de la rhétorique.)
Mœurs et Caractères des peuples (Europe et Afrique), in-8, gravures. . . . . . . 5 »
Mœurs et Caractères des peuples (Asie, Amérique et Océanie), in-8, gravures. . 5 »
Voyage pittoresque à travers le monde, in-8, orné de nombreuses illustrations. 5 »
Le Globe illustré. 1 vol. in-4°, avec 16 cartes et 130 vignettes (de 10 à 15 ans). . 4 »
Les trois Règnes de la nature, in-12, avec nombreuses vignettes (de 12 à 18 ans). 1 50

II. — ENSEIGNEMENT SECONDAIRE DES LYCÉES ET DES COLLÈGES.

Notions préliminaires de géographie : Classe préparatoire, 1 vol. in-12. . . . . » 80
Géographie des cinq parties du monde : Classe de huitième, 1 vol. . . . . » 80
Géographie de la France : Classe de septième, 1 vol. 1 20
Géographie de l'Europe : Classe de sixième, 1 vol. 1 50
Géographie gén. de l'Asie, de l'Afrique, de l'Amérique et de l'Océanie : Cl. de cinq. 1 50
Géographie de la France : Classe de quatrième, 1 vol. 1 50
Géographie de l'Europe : Classe de troisième, 1 vol. . . . . 2 »
Description de l'Asie, de l'Afrique, de l'Amérique et de l'Océanie : Cl. de seconde. 3 »
Géographie de la France : Classe de rhétorique, 1 vol. . . . . 3 »
Résumé de géographie générale : Classe de philosophie, 1 vol. . . . . 3 »
Éléments de géographie générale : Classe de mathématiques préparatoires. . . 1 50
Géographie générale : Classe de mathématiques élémentaires, 1 vol. . . . . . . 5 »
Atlas spéciaux correspondant à chaque volume de l'enseignement secondaire.

II. — ENSEIGNEMENT SECONDAIRE SPÉCIAL.

Géographie de la France (année préparatoire), 1 vol. in-12. . . . . » 90
Atlas correspondant, grand in-8, 12 cartes. 2 50
Géographie des cinq parties du monde (1re année), 1 vol. in-12. . . . . 1 50
Atlas correspondant, grand in-8, 37 cartes. . . . . 6 »
Géographie agricole, industr. et commerciale de la France (2e année). 1 vol. in-12. 2 »
Atlas correspondant, gr. in-8, 22 cartes. . . . . 4 »
Géographie commerciale et industrielle des cinq parties du monde (3e et 4e ann.). 3 »
Atlas corresp. : Nouvel atlas de géographie moderne, 66 cartes, 1 vol. in-4°. . . 10 »

IV. — ENSEIGNEMENT PRIMAIRE DES DEUX SEXES.

Petit Atlas élémentaire de géographie moderne, 22 cartes coloriées, in-4°, br. . » 90
Le même, avec la carte du département demandé. 1 15
Le même, accompagné d'un texte explicatif. 1 10
Le même, avec texte explicatif et carte du département demandé. 1 35
Petite Géographie à l'usage des écoles primaires, in-18, cart., avec gravures. . » 60
Petit Atlas géographique du premier âge, 9 cartes color. avec texte, gr. in-8, cart. » 80
Petite Géographie générale, grand in-18, br. . . . . » 15

V. — ATLAS DIVERS (*voyez aussi les titres précédents*).

Petit Atlas de géographie ancienne, 16 cartes, grand in-8, cartonné. 2 50
Petit Atlas de géographie du moyen âge, 15 cartes, gr. in-8, cart. 2 50
Petit Atlas de géographie moderne, 20 cartes, gr. in-8, cart. 2 50
Petit Atlas de géographie ancienne et moderne, 36 cartes, grand in-8, cart. . . . 5 »
Petit Atlas de géographie ancienne, du moyen âge et moderne, 51 cartes. 7 50
Nouvel atlas de géographie moderne, 66 cartes, 1 vol. in-4°, cart. . . . . 10 »
Atlas complet de géographie ancienne, du moyen âge et moderne, 98 cartes, in-4°,
   cart. . . . . 15 »

PARIS. — IMP. EMILE MARTINET, RUE MIGNON, 2

www.ingramcontent.com/pod-product-compliance
Lightning Source LLC
LaVergne TN
LVHW021447170726
843501LV00005B/1536